A mio padre Carlo

L'autore ringrazia:
La ballerina **Mirella Buonavita** per le foto tecniche del secondo capitolo.
Il fotografo **Alessio Buccafusca** per le foto di pagg. 7 in basso, 81, 84 in basso, 113 (*Lago dei Cigni*),
114 (*Coppelia*), 117 (*Carmen*), 118 in alto, 119 (*Roberto Bolle*), 121 (*Polina Semionova*), 123, 130 in alto.
Il fotografo **Pierluigi Abbondanza** per la foto di pag. 137.
Il fotografo **Paolo Bonciani**.

Testi: **Roberto Baiocchi**

Le illustrazioni del secondo capitolo e delle cornici sono di **Carlo Molinari**

REFERENZE FOTOGRAFICHE:

Album/Contrasto, Milano; **Archivio Giunti**, Firenze; **Contrasto/Corbis**, Milano;
Cuboimages: © TetraImages/Cuboimages (*copertina*); **Everett Collection/Contrasto**, Milano;
Fotolia: © Alexander Yakovlev (*IV di copertina in basso e frontespizio*); **Foto Mariani**, Firenze;
Getty Images/Laura Ronchi, Milano; **Lelli&Masotti** © **Fratelli Alinari**, Firenze;
Matthew J. Lee/The Boston Globe via Getty Images, Milano;
Olycom, Milano; **RÉA/Contrasto**, Milano; **René Fabiani**, Firenze (*pp. 6 in basso, 23 in alto,
30 in basso, 33, 40, 41, 42, 43, 72, 82 in alto, 83 in alto, 84 in basso, 85, 130-131 in basso*);
SimePhoto/SIE, Roma; **Studio Fotografico Righi** di Moggi e Tani, Prato
(*pp. 5, 24 in alto, 25 in alto e al centro, 26 in alto, 27 in alto a dx e in basso, 28 in alto a dx
e in basso a sin., 29 al centro e in basso, 87 in alto, 93 in alto a sin., 99 in alto*); **Webphoto**, Roma.

L'editore si dichiara disponibile a regolare eventuali spettanze per quelle immagini di cui non è stato possibile reperire la fonte.

Redazione: Gianna Porciatti, Veronica Pellegrini
Progetto grafico: Simonetta Zuddas
Ricerca iconografica: Claudia Hendel

www.giunti.it

© 2012, 2015 Giunti Editore S.p.A.
Via Bolognese, 165 - 50139 Firenze - Italia
Piazza Virgilio, 4 - 20123 Milano - Italia

Prima edizione: ottobre 2006
Prima ristampa: marzo 2017

Stampato presso Lito Terrazzi srl, stabilimento di Iolo

IL GRANDE LIBRO DELLA
Danza

Roberto
Baiocchi

G GIUNTI

Indice

GLI STILI di DANZA

INTORNO Alla DANZA

Introduzione

Questo libro si rivolge a tutti coloro che coltivano la passione per la danza e che intendono dedicarsi allo studio di questa meravigliosa arte. Attraverso la tecnica della danza si sviluppa la bellezza del corpo, si ingentilisce l'animo e si acquisisce armonia ed eleganza nei movimenti.

Il libro è stato elaborato con molta cura, ma anche con semplicità affinché risulti comprensibile a coloro che seguono quest'arte con amore e con lo spirito del vero artista che persevera nello studio con sacrificio e dedizione, fino alla realizzazione dei propri obiettivi.

Spero che gli aspiranti ballerini possano apprendere, attraverso la mia esperienza, la storia del balletto e alcune curiosità attorno al mondo della danza, le informazioni principali sulla tecnica e ricevere infine tutti quei preziosi consigli che è dato sapere per affrontare nel migliori dei modi lo studio di questa arte.

Purtroppo ancor oggi, in Italia, la danza non è considerata da tutti un'arte vera e propria, e questo soprattutto a causa della scarsa informazione, che nemmeno la televisione contribuisce a dare per educare i giovani su come deve essere formato un vero artista. Invece è giusto far sapere che occorrono anni e anni di intenso studio, di continuo allenamento e di grande sacrificio, per poter finalmente raggiungere il livello di preparazione idoneo a rendere la danza una professione.

STORIA della DANZA

La danza classica appartiene al mondo del teatro e questa è una delle ragioni del suo fascino. Se ti è già capitato di andare a teatro puoi capire come quel luogo sia in grado di incantare sia il pubblico che il danzatore. Interpretare un balletto classico è un'emozione molto forte, che si trasmette attraverso il movimento e lo stato d'animo di chi balla... tanto che puoi sentirla anche tu!

La danza è una vera e propria forma di comunicazione che usa il movimento per raccontare delle storie, a volte allegre, altre tristi, talvolta persino tragiche. Danzare insomma è un po' come raccontare una favola attraverso l'espressione del corpo, proprio come avviene nelle sequenze dei vecchi film muti, in cui gli attori sono capaci di raccontare storie e sentimenti senza usare le parole, ma soltanto attraverso i gesti e le espressioni dei loro volti...

Paloma Herrera in una scultura in bronzo di Holly Crocker García.

Gli eventi che hanno fatto storia

La danza è probabilmente la prima forma d'espressione che l'uomo abbia sperimentato.

Per gli uomini primitivi la danza era parte di un **rito**, serviva a entrare in contatto con la divinità, per conquistare la sua benevolenza, per assicurarsi il raccolto – avrai sentito parlare di danza della pioggia o della fertilità, per esempio –, per chiedere l'avverarsi di un desiderio, per guarire dalle malattie.

La religione cristiana, per un lungo periodo, ha considerato la danza peccaminosa, perché metteva troppo in evidenza il corpo. Per questa ragione venne allontanata dal rito religioso, ma continuò a essere praticata da **artisti girovaghi**, mimi e saltimbanchi.

La danza nel Rinascimento

Nella vita sociale, la danza ricompare all'epoca delle grandi **corti rinascimentali**, dove diventa un modo per comunicare e dove è sempre presente come intrattenimento durante gli spettacolari incontri che venivano organizzati dai signori per motivi politici, per celebrare matrimoni e per mostrare la propria ricchezza e il proprio potere.

Le rappresentazioni di quel tempo erano un misto di recitazione, musica e danza, con grande sfoggio di stravaganti costumi.

In alto: incisione raffigurante una danza primitiva.
A sinistra: un suonatore e un danzatore-giocoliere (miniatura del Tropaire de Saint-Martial, secolo XI).
A fianco: fanciulle che danzano (forse una carola) negli affreschi del Buon Governo di Ambrogio Lorenzetti (1337-1340).

E se le **vesti**, da un lato, servivano alla narrazione, perché consentivano al pubblico di riconoscere i personaggi (le storie spesso si ispiravano ai miti dell'antichità classica o a temi naturali, come le stagioni), dall'altro, essendo ingombranti e pesanti, limitavano i movimenti.

I balletti di corte erano interpretati dagli aristocratici e dai reali **nelle sale e nei giardini** dei loro palazzi. Le danze erano un'occasione per animare la vita di corte e per sviluppare i rapporti sociali. Saper danzare diventa proprio allora una qualità necessaria ed entra a far parte dell'educazione dei nobili fin dall'infanzia.

È proprio nel Rinascimento che nasce la figura del maestro di danza professionale che, a corte, inventa e organizza i grandi balli, mentre in privato insegna i passi, i gesti, le giravolte e gli inchini.

Uno dei maestri più famosi dell'epoca fu Guglielmo Ebreo da Pesaro, che a metà del Quattrocento nel suo trattato *De pratica seu arte tripudii vulgare opusculum* codificava le sei qualità del perfetto danzatore. Eccole: misura (abilità di misurare il tempo), maniera (coordinamento dei movimenti), memoria (capacità di ricordare i passi imparati), "partire" del terreno (cioè saper misurare le distanze e lo spazio per danzare), "aire" (ovvero il modo di presentarsi sulla scena) e movimento corporeo (nonché modo perfetto di danzare).

A fianco: passo di danza rinascimentale, particolare del fronte di un cassone del XV secolo (matrimonio di Antioco e Stratonice). Sopra: gruppo di danzatori in una miniatura della Bibbia di Borso d'Este (1455-1461).

La presenza del maestro di danza che segue l'allievo implica la memorizzazione dei movimenti e dei passi, che da quel momento furono codificati e basati su regole ben precise: la danza di corte non si basò più sull'improvvisazione e fu la palestra di una tecnica che diventava sempre più raffinata.

Nella diffusione della danza professionale ebbe fondamentale importanza l'istituzione della prima **scuola di ballo** per i nobili, fondata a Milano nel 1545. È proprio in quella scuola che si formarono i primi grandi ballerini e coreografi professionisti, fra cui Baldassarino da Belgioioso. Lo conosci?

Il nome di Belgioioso è legato al primo balletto del quale abbiamo la coreografia, la musica e il libretto originale, cioè *Le Ballet Comique de la Royne*, rappresentato a Parigi il 15 ottobre 1581 nel salone del palazzo del Duca di Borgogna, in occasione delle nozze del duca di Joyeuse con Margherita di Vaudemont. Belgioioso, autore della coreografia, ebbe l'incarico di allestire tutto il mastodontico spettacolo (pensa che durava ben cinque ore e mezza!) in cui si mischiavano recitazione, musica, canto e danza.

Quando **Luigi XIV** salì al trono di Francia il balletto fu molto valorizzato: il sovrano era un grande appassionato di danza e anche un abile ballerino. Sapevi che fu soprannominato **"Re Sole"** proprio perché partecipava agli spettacoli indossando le insegne del Sole?

Il sovrano fondò, nel 1661, l'Académie Royale de la Danse e, nel 1672, la Scuola Nazionale di Danza. E fu proprio il primo direttore dell'Académie, Charles Louis Beauchamps, a codificare le cinque posizioni dei piedi e l'uso dell'*en dehors* che è la base della danza classica.

Fu un momento importante perché nacque la distinzione tra danzatori professionisti e danzatori "amatoriali", per i quali raggiungere il livello richiesto dai maestri e dai coreografi divenne impossibile.

In alto: incisione raffigurante il Ballet Comique de la Royne *(Parigi, 1581).*
A fianco: Luigi XIV nel costume del Sole per il Ballet Royal de La Nuit *(1653).*

13

La recitazione, il balletto e l'opera si stavano quindi sviluppando in maniera indipendente l'una dall'altra, come singole discipline, sebbene alla fine del Seicento risalga anche la nascita dell'*opéra-ballet*, uno spettacolo ibrido in cui danza e canto avevano la stessa importanza.

Con i primi ballerini professionisti la danza si spostò dalle corti ai teatri pubblici. Un aiuto in questo senso venne dal compositore italiano **Lulli** (naturalizzato francese come Jean-Baptiste Lully), che fu nominato direttore dell'Académie e Maître de la musique Royale.

Nel 1681 va in scena *Il Trionfo dell'Amore*, il primo balletto a cui partecipano **ballerine professioniste** – devi sapere che fino ad allora i ruoli femminili erano sempre interpretati da uomini. È una data storica per il balletto perché ciò implicò una grande trasformazione nell'esecuzione dei passi. Questo fece nascere una vera e propria competizione tra i ballerini e le ballerine e costrinse i solisti a ricercare passi sempre più complicati per mettersi in evidenza.

Mentre le **rappresentazioni pubbliche** erano sempre più frequenti, le feste di corte iniziarono a scomparire. Anche i nobili iniziarono ad andare a teatro come semplici spettatori, seguendo l'esempio di Luigi XIV, che si recava spesso nei teatri pubblici.

In alto: disegno del balletto Atys *(F. Chauveau). Nel medaglione: ritratto di Giovan Battista Lulli. In basso: scena di danza in un teatro pubblico (*L'intermezzo, *di Giuseppe de Albertis).*

Il XVIII secolo

Nel XVIII secolo si sentì il bisogno di abbinare alla coreografia una storia che gli spettatori potessero seguire. Nello stesso periodo le danzatrici, che avevano imparato il mestiere nelle Accademie, divennero più richieste dei danzatori e la danza cominciò a diffondersi nei luoghi pubblici, conquistando sia la gente comune che gli intellettuali.

In linea con la tendenza illuministica a organizzare il sapere, il maestro di danza Raoul Auger Feuillet pubblicò due saggi, *Choréographie (Coreografia)* e *L'Art de décrire la Danse (L'Arte di descrivere la Danza)*, in cui spiegava le cinque posizioni di base e molti passi, tra i quali il *plié*, il *glissé*, la *cabriole*, proponendo un sistema per "scrivere" le coreografie.

Il perfezionamento del **pianoforte** da parte di Bartolomeo Cristofori (1711) dette un'ulteriore spinta allo sviluppo della disciplina e consentì alle Accademie di formare danzatori sempre più abili.

Nel 1760 Jean Georges Noverre pubblicò il trattato *Lettere sulla danza*, nel quale sottolineò il forte legame fra danza, musica e scenografia; criticò l'uso dei costumi scomodi (quelli rigidi con sottogonne armate di cerchi, tanto di moda all'epoca) e delle calzature con tacco alto talvolta a spillo.

In alto: la danzatrice Marie Anne de Cupis de Camargo ritratta da Nicholas Lancret (1730 ca.).
In basso: La lezione di musica (anonimo veneto del XVIII secolo).

Il balletto romantico

Siamo agli inizi dell'Ottocento, il movimento artistico del tempo, il Romanticismo, reagisce alla rigidità e alla tecnica del secolo precedente e cerca invece di recuperare le emozioni e di dar loro più importanza. È proprio in questa prima metà del secolo (1830-1850) che prende forma il balletto romantico.

Avviene una **grande diffusione della danza** che porta a una forma di vera e propria "ballettomania". Questo soprattutto in Russia, dove le ballerine erano adorate come fossero dee e il balletto classico divenne una tra le tendenze culturali e artistiche più apprezzate.

Una figura di grande importanza fu il ballerino, insegnante di danza e coreografo **Carlo Blasis** (Napoli 1795-1878). Direttore dell'Accademia di Ballo della Scala, Blasis è considerato il padre della tecnica del balletto. Nel suo *Trattato sull'arte della danza, infatti,* diede le fondamenta a un vero e proprio "metodo" della danza classica (a lui dobbiamo, tra l'altro, l'invenzione della posizione *attitude*, ispirata all'atteggiamento della statua di Mercurio dello scultore Giambologna).

Il suo insegnamento, insomma, dette al balletto una grande spinta per il futuro.

Anche il trattato di Blasis – come quello di Noverre – parlava dell'importanza dell'unione delle arti nella danza. Già da allora si voleva far capire come la bravura di un ballerino non risieda solo nel saper danzare ma anche nella conoscenza di tutte le arti che si avvicinano alla danza.

Anch'io ne sono convinto e penso che la cultura possa aiutare una vera ballerina a crescere e ad ampliare la propria sensibilità, in modo da sviluppare l'interpretazione.

Nel medaglione: ritratto di Carlo Blasis. A fianco: Mercurio volante (1550), scultura bronzea del Giambologna.

A differenza di quanto accadeva in passato, quando i balletti trattavano argomenti classici e mitologici, nell'Ottocento il balletto assorbe l'atmosfera romantica del periodo: le storie danzate narrano di **amori infelici e malinconici** e spesso sono ambientate in due luoghi complementari, il mondo reale e un universo magico e fantastico.

La ballerina, grazie all'evoluzione dell'abbigliamento, indossa un tutù bianco e calza scarpette con punte rinforzate: anche lei è una creatura romantica e soprannaturale, che sembra sollevarsi da terra, come per magia, dando agli spettatori la sensazione di allontanarsi per un attimo dalla vita quotidiana.

Il primo balletto romantico, *La Sylphide*, rappresentato per la prima volta all'Opéra di Parigi il 12 marzo 1832, fu interpretato da una grande ballerina italiana, Maria Taglioni, il cui padre, Filippo Taglioni, era autore della coreografia. Questa ballerina fu la prima a interpretare un balletto completamente **sulle punte** e si racconta che fu lei stessa a contribuire al perfezionamento delle scarpette da punta.

In questo periodo nascono molti dei balletti romantici più famosi, come *Giselle*, messo in scena per la prima volta il 28 giugno 1841 all'Opéra di Parigi, un teatro che stava diventando uno dei templi della danza.

Tra le **stelle della danza** del periodo ricordiamo Carlotta Grisi (prima interprete di *Giselle*), Fanny Elssler, Fanny Cerrito, Lucille Grahn che danzarono insieme in un memorabile *Pas de quatre* (Londra 1845), coreografato per loro dal famoso Jules Perrot.

In alto: incisione dall'atmosfera romantica raffigurante Carlotta Grisi nel ruolo di Giselle *(1841 ca.) - si notino le scarpette.*
A fianco: Maria Taglioni e Joseph Mazilier ritratti negli abiti di scena della Sylphide.

17

Il balletto classico

Verso la fine dell'Ottocento il balletto si sviluppa nelle forme del cosiddetto "Balletto classico", termine molto usato ma che in realtà indica soltanto un gruppo ristretto di balletti prodotti in Russia, ossia *Il Lago dei Cigni*, *Lo Schiaccianoci*, *La Bayadère* e *La Bella Addormentata*. Lo straordinario coreografo che passa alla storia per essere l'inventore di quasi tutti questi balletti fu **Marius Ivanovich Petipa** (1818-1910).

A questo punto la tecnica della danza si è molto evoluta, permettendo alle ballerine di danzare sulle punte con sempre più grazia e leggerezza. Gli insegnanti di danza riescono ad affinare la tecnica dei ballerini e a prepararli in modo tale da rendere liberi i coreografi di inventare balletti sempre nuovi in cui poter mettere in mostra le capacità dei danzatori.

Nel frattempo il **tutù** si è accorciato ed è diventato sempre più comodo.

Fu l'apice della popolarità del balletto, cui seguì però, alla fine dell'Ottocento, un lento declino, dovuto alla mancanza di grandi ballerine e al disinteresse dei musicisti seri: in Europa il balletto sembrò essere improvvisamente diventato un fenomeno fuori moda.

Il secolo si concluse con l'irruenza di **Isadora Duncan** (1878-1927) la quale, rinnegando il balletto classico, danzava scalza e coperta di veli, ponendo così le basi della danza moderna e dando a quest'arte un nuovo slancio.

In alto: litografia del balletto romantico Pas de quatre.
A fianco: ritratto del coreografo Marius Ivanovich Petipa.
Nella pagina accanto: la grazia naturale di Isadora Duncan e il Théatre de l'Opéra di Parigi - Palais Garnier *alla fine dell'Ottocento.*

Il Novecento

Ai primi del Novecento mentre all'Opéra di Parigi il balletto sembra scomparso, a Est la nuova meta degli artisti della danza è la città di San Pietroburgo.

È anche grazie al primo impresario scopritore di talenti della storia, **Sergej Diaghilev**, che la danza risorge. Il suo gusto artistico, unito all'amore per la danza, gli consente di riunire e dirigere artisti di grande talento: coreografi, maestri, musicisti, ballerini, compositori, pittori e scenografi lavorano così fianco a fianco e realizzano grandi spettacoli teatrali.

Grazie agli aiuti ottenuti dal Governo, ma soprattutto grazie a un gruppo di artisti straordinari, Diaghilev riesce a far conoscere in tutta Europa e in America i suoi *Ballets Russes* e il suo nuovo modo di fare spettacolo. Di questo gruppo fecero parte **Vaslav Nijinsky** e **Anna Pavlova** (ballerini), **Léonide Massine** e **George Balanchine** (coreografi), **Igor Stravinsky**, **Claude Debussy** ed **Erik Satie** (musicisti).

Tra questi artisti dobbiamo sottolineare il genio di **Mikhail Fokine**, il primo coreografo di Diaghilev, il quale rinnovò la struttura del balletto classico. Fokine sosteneva che il balletto classico fosse diventato troppo tecnico e che l'interpretazione e la musica dovessero avere un ruolo più importante nella coreografia. Inoltre rivalutò il ruolo dei ballerini che era stato a lungo trascurato.

Fra i suoi capolavori ricordiamo *Petrouschka* e *Le spectre de la rose*.

I grandi cambiamenti introdotti dalla compagnia dei *Ballets Russes* causarono reazioni contrastanti nel pubblico, che apprezzò solo in parte la loro forza innovativa.

La posizione del corpo del ballerino piegato su se stesso e con i piedi rivolti verso l'interno è solo un esempio delle novità che la compagnia introdusse negli spettacoli.

Fu ancora sottolineato il legame della musica con la danza e fu proprio con l'esperienza dei *Ballets Russes* che il coreografo e il compositore iniziarono a lavorare insieme alla creazione del balletto.

Per Diaghilev, inoltre, la **scenografia** aveva un'importanza centrale: furono gli stupendi scenari, i fondali e i favolosi costumi a contribuire al successo delle sue rappresentazioni.

Lui stesso richiese la collaborazione di artisti famosi, che forse conoscerai, come Pablo Picasso e Henri Matisse.

In alto: foto di Sergej Diaghilev, impresario e direttore dei Ballets Russes. Sotto: una locandina.
A destra: il grande ballerino Vaslav Nijinsky in abiti di scena.

Negli anni seguenti e durante tutto il ventesimo secolo, la danza moderna si è molto sviluppata e sono nate tantissime correnti.

La danza cosiddetta "moderna" utilizza tecniche e forme di interpretazione diverse dalla danza classica, ma propone anche **nuovi movimenti**, come per esempio accade nella tecnica di Martha Graham (la famosa ballerina statunitense considerata la madre della danza moderna), basata sui principi delle contrazioni addominali.

Ma altri stili e altre tecniche hanno introdotto nella danza nuovi principi di rinnovamento.

La danza moderna, come avrai ormai capito, non si basa più sull'osservazione rigida delle tecniche della danza classica. Ed è proprio per questo che i coreografi di oggi sono sempre più liberi di prendere spunti da diversi generi e stili e di creare, così, movimenti sempre nuovi.

A tutt'oggi la danza è in continua evoluzione. Ma questo lo vedremo meglio insieme nei prossimi capitoli.

In alto:
Anna Pavlova.
Sopra a destra:
Vera e Mikhail
Fokine, coppia
nella vita
e sulla scena,
in Shéhérazade.
A fianco:
una coreografia
del Martha
Graham
Dance Company.

A LEZIONE di DANZA

Nella danza ogni passo è il frutto di un impegno quotidiano
e per diventare un professionista devi lavorare
su solide basi, esattamente come una casa
si costruisce su stabili fondamenta.

Per questo è bene iniziare presto con il corso
di Propedeutica, utile per imparare a conoscere bene
il proprio corpo.

Ma a quanti anni è giusto iniziare a danzare?
Sebbene sia possibile cominciare a
frequentare una scuola all'età di quattro-
cinque anni, io ritengo sia più giusto
iniziare a sei anni, perché a questa età
si apprendono meglio gli insegnamenti
e si è pronti a eseguire nel migliore
dei modi gli esercizi.

Per diventare dei bravi professionisti
bisogna studiare bene la tecnica di base
della danza, a partire da una serie
di esercizi da eseguire alla
sbarra e al centro della sala,
e che ti aiuteranno a impostare
correttamente il tuo corpo.
Saprai che la danza classica
non segue un unico metodo di
studio (ne esistono diversi come, per
esempio, Vaganova, Cecchetti, Royal
Academy of Dancing) e nelle prossime pagine
ne vedremo alcuni insieme.

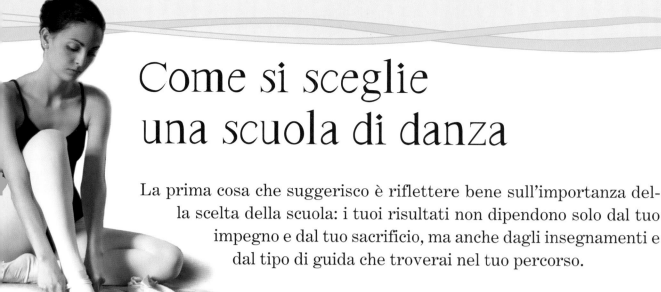

Come si sceglie
una scuola di danza

La prima cosa che suggerisco è riflettere bene sull'importanza della scelta della scuola: i tuoi risultati non dipendono solo dal tuo impegno e dal tuo sacrificio, ma anche dagli insegnamenti e dal tipo di guida che troverai nel tuo percorso.

Fai quindi attenzione! Una scuola di danza dovrebbe rispettare e dotarsi dei seguenti requisiti:

- INSEGNANTI QUALIFICATI
- CORSI PER TUTTI I LIVELLI
- AMBIENTE ACCOGLIENTE E LUMINOSO
- SPOGLIATOI CAPIENTI
- SERVIZI IGENICI
- DOCCE
- IDONEA SALA DI DANZA

In alto: ballerina che indossa le punte.

La sala di danza è fondamentale. Si tratta di un ambiente attrezzato dove trascorrerai gran parte del tuo tempo e che dovrebbe avere alcune importanti caratteristiche:

- AMPIEZZA E ARIOSITÀ
- LUMINOSITÀ
- PAVIMENTAZIONE IN LEGNO rialzato di almeno 15/20 cm.
  - DOTAZIONE DI SBARRE A DOPPIA ALTEZZA
  - NOTEVOLE COPERTURA DI SPECCHI ALLE PARETI
  - PRESENZA DI UN PIANOFORTE
  - BUON IMPIANTO AUDIOFONICO

I miei insegnanti

È molto importante che tu sappia riconoscere la preparazione dei tuoi insegnanti, e questo libro ti sarà utile a capire se sei sulla strada giusta.

"Falsi" insegnanti - Purtroppo le scuole di danza spuntano fuori "come le lumache quando piove" e sono molti coloro che si improvvisano insegnanti di danza.
Questo soprattutto in Italia dove non esiste ancora una legge che tuteli l'insegnamento, contrariamente a quanto avviene in Francia dove è in vigore dal 1989.
Tutto questo non solo è disonesto ma è anche rischioso perché può causare gravi danni agli aspiranti ballerini: posizioni non corrette o imprecise, per esempio, e utilizzo precoce delle scarpette da punta sono solo due dei fattori che possono procurare problemi alle ossa, alle articolazioni e alla colonna vertebrale.

L'insegnante ideale - È importante allora che l'insegnante proponga un programma di studio che sia adatto alla tua età, pianificato in modo da seguire nel tempo la tua crescita, fisica e professionale, ma allo stesso tempo è anche necessario che segua un metodo preciso di insegnamento.

Regole fondamentali prima di iniziare

Ci siamo? Bene! Allora andiamo...

Affrontare le lezioni di danza con serietà e impegno è la regola fondamentale.

Altra regola: non stancarsi mai di ripetere gli esercizi! Devi cercare di eseguirli in modo sempre più preciso e corretto, nel tentativo di migliorarli fino alla perfezione.

Inoltre ricorda che ogni assenza dalle lezioni di danza rischia di far saltare il raggiungimento di un obiettivo nella tua preparazione.

La danza è prima di tutto una disciplina artistica e chi sceglie di seguirla deve considerarla un po' come una vocazione e dedicarsi completamente, affrontando sacrifici e rinunce... Insomma, la danza richiede sforzo e maturità.

Mantieniti sempre ordinata e pulita, con i capelli in ordine e ben raccolti: l'aspetto indica il rispetto che hai per il tuo corpo e per chi ti sta vicino.

Un consiglio

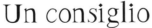

... leggi libri di Storia della Danza, di Tecnica e Anatomia Applicata alla Danza, ma anche di Teoria e Solfeggio Musicale: la tua formazione artistica sarà così più ricca e contribuirà a migliorare la tua preparazione.

Anche leggere riviste specializzate, infine, ti sarà utile per aggiornarti continuamente.

L'abbigliamento

La lezione è un momento importante della giornata di ogni danzatore. Oltre a trovare una giusta predisposizione psicologica (attenzione, impegno, volontà di apprendere e migliorare), è importante anche il momento in cui ci si veste adeguatamente. A seconda del tipo di danza che si pratica l'abbigliamento di base è diverso.

L'abbigliamento "classico" - Nella danza classica, a meno che la scuola non imponga una divisa d'obbligo (generalmente collant e body di un colore imposto, per esempio calze rosa e body nero) la regola prevede l'abbinamento di body e calze, cui si possono aggiungere i pantaloncini elasticizzati o il gonnellino.

Tuttavia quello che conta è che l'abbigliamento usato non impedisca i movimenti e che permetta all'insegnante di

osservare come si sta lavorando (possono essere consentite anche calzamaglie aderenti).

Il fatto di tenere i capelli raccolti non è soltanto una questione estetica ma serve a non essere infastiditi e distratti dai capelli durante l'esercizio e a non coprire i movimenti del collo.

Il gonnellino dà sicuramente una certa eleganza, ma non ci si deve aggrappare all'abbigliamento: la cosa fondamentale nel corso delle lezioni non è godere della propria immagine allo specchio, quanto poter sentire le posizioni, vedere e mostrare come lavora il nostro corpo, niente di più.

Quando d'inverno fa freddo, durante la prima fase del riscaldamento possono

essere utili gli scaldamuscoli: ma è corretto tenerli lo stretto necessario e poi toglierli per lasciare in vista i muscoli della gamba.

Inizialmente si indossano le mezze punte (in tela o pelle) munite di nastri o elastici e solo in seguito si possono usare le punte.

Durante le esibizioni o i saggi si può indossare il tutù classico (quello corto più rigido) oppure quello romantico (quello lungo con più strati di tulle morbido). Anche se tradizionalmente è di colore bianco, entrambi sono disponibili in altri colori e diversi modelli ed è possibile avere anche le punte in tinta.

I capelli possono essere raccolti in modi diversi, dallo chignon di base alla pettinatura abbassata che copre le orecchie (stile romantico) con aggiunta di nastri, coroncine etc.

L'abbigliamento "moderno" - Per la danza moderna, contemporanea e jazz oltre all'abbigliamento di base (body+calze) si possono usare i pantaloni (panta jazz, pantaloncini corti o tute) e magliette di tutti i tipi, sempre aderenti per far vedere i movimenti del corpo, ma mai troppo strette, scomode o ingombranti.

Si indossano anche altri tipi di pantaloni e di maglie sopra il body, sia per tenere caldo il corpo sia nei corsi liberi dove non è richiesto un abbigliamento particolare.

Anche per quanto riguarda i capelli c'è maggiore libertà: tuttavia durante le lezioni è meglio tenerli legati a coda di cavallo, a mezza coda o intrecciati.

Nella danza moderna i piedi sono spesso nudi e a contatto con il pavimento. Si possono allora usare dei cerotti telati color

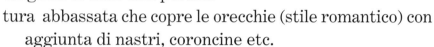

carne che preservano da eventuali abrasioni della pelle al contatto con il pavimento e facilitano lo scivolamento.

Per la danza jazz talvolta si indossano delle calze di spugna (non di lana perchè fanno scivolare!!!) o le apposite scarpette con i lacci e per le ragazze quelle intrecciate davanti con un leggero tacco. L'abbigliamento per le esibizioni è vario e dipende dal tema della coreografia.

Nella danza di carattere l'abbigliamento è parte della lezione e deve essere usato in sala e in scena. Le scarpe con il tacco, gli stivali, la gonna etc. costituiscono un vero e proprio complemento ai movimenti e sono determinanti.

Nella *Street Dance* i pantaloni devono essere larghi, mai aderenti, perché funzionano da amplificatori plastici dei movimenti. In alcuni passaggi a effetto infatti le mani afferrano i pantaloni e li usano come fossero i meccanismi attivi che muovono le gambe.

Le scarpe da ginnastica usate per le lezioni o le rappresentazioni di hip-hop, devono essere comode e flessibili, ma devono dare l'impressione di essere molto pesanti e robuste. Per alcuni movimenti e in particolare per l'allenamento è previsto anche l'uso di ginocchiere.

La giusta alimentazione

Quando si ha la passione per la danza si deve riuscire a mantenere intatta nel tempo e in tutte le circostanze la gioia di danzare e la volontà di migliorare. Ma il fatto di rimanere magri per migliorare le proprie prestazioni atletiche non deve diventare un vero e proprio assillo, perché questo è il primo passo per perdere gioia e lucidità e per peggiorare il tono muscolare e la qualità delle *performances*.

L'esercizio quotidiano della danza richiede molte energie: tagliare drasticamente le calorie o ridurre il cibo significa togliere energia ai muscoli e a lungo andare questo provoca danni permanenti.

Perdere peso di per sé non serve se l'unico risultato è quello di vedersi più snelli. Per danzare bene bisogna essere in perfetta forma psicofisica e l'ultima cosa a cui pensare sono i grammi di troppo!

Ognuno di noi ha una particolare struttura fisica legata al personale metabolismo. Un nutrizionista può indicarci un tipo di alimentazione personalizzata, varia e bilanciata, ma intanto possiamo seguire alcuni accorgimenti.

Errori da evitare

- **saltare i pasti**: al pasto successivo il tuo corpo cercherà di recuperare dal cibo tutto quello che non gli hai dato prima;

- **alimentarsi a base di un solo gruppo alimentare** o di un solo cibo (es. diete dissociate). Non è vero che questo fa diminuire di peso: il nostro corpo ha memoria delle carestie e non appena gli forniamo il cibo di un gruppo diverso, che gli è stato a lungo negato, la sua reazione sarà quella di assorbire il più possibile le sue proprietà nutritive, causando un eccessivo accumulo;

- **abolire i carboidrati e i grassi** dalla dieta: è come togliere carburante a una macchina prima di un viaggio lungo e in salita. Dobbiamo assumere carboidrati e grassi insaturi nella misura in cui li bruciamo durante l'allenamento e la danza, senza eccedere. Eliminarli del tutto provoca a lungo andare gravi problemi ai muscoli e al metabolismo in generale;

- sostituire la regolare alimentazione con **barrette dietetiche** e consumare molti prodotti "sugar-free": le barrette in realtà non sono del tutto prive di calorie (al contrario spesso ne contengono molte assieme a grassi animali) e i prodotti senza zucchero possono contenere sostanze che, assunte in grandi dosi, non giovano al metabolismo.

In generale la migliore base alimentare consiste nel bere molta acqua, scegliere cibo non preconfezionato, pranzare in tranquillità masticando bene per favorire la digestione. Nei fuori pasto si può assumere frutta o, ogni tanto, qualche pezzetto di cioccolato fondente al 90%.

Il tuo menù

Ecco alcuni consigli per seguire una buona alimentazione.

COLAZIONE: yogurt, frutta, muesli, oltre a una tazza di latte e caffè o tè.

PRANZO: pasta o riso, meglio se integrali, cucinati semplicemente, accompagnati da un piatto di verdure (carote crude, spinaci, pomodori, insalata, cetrioli).

CENA: carne, pesce, prosciutto crudo, bresaola, ricotta o altri formaggi magri e una ricca insalata mista, preferibilmente in apertura del pasto.

... ricorda infine che, durante i pasti, puoi mangiare anche del pane, ma sceglilo bene: quello azzimo è il migliore poiché privo di sale e lievito.

Gli esercizi per iniziare

Esistono tanti esercizi per cominciare lo studio della danza: in queste pagine te ne illustrerò alcuni. È importante capire a quale scopo vengono eseguiti: devi sapere, per esempio, che si raggiunge più facilmente l'*en dehors*, cioè la rotazione delle articolazioni femorali, stringendo i glutei e contraendo i muscoli della cintura addominale, mantenendo allo stesso tempo rettilinea la colonna vertebrale.

La posizione *en dehors* è necessaria per dare agli arti inferiori la libertà di movimento in ogni direzione. La giusta posizione si ottiene dopo anni di studio come risultato di particolari esercizi fatti per "voltare in fuori" la gamba dall'articolazione dell'anca, senza stirare i tendini o strappare i muscoli. Ecco quelli fondamentali.

Mantieni il busto dritto con le braccia in alto (in V°), stendi bene le ginocchia e fletti i piedi.

Stendi i piedi concentrando l'energia sul collo del piede.

Fai questo esercizio per rinforzare i glutei e i muscoli interni delle gambe: ti sarà utile per ruotare *en dehors*.

Porta su le braccia, unisci bene le gambe, sostieni la schiena e fletti i piedi.

Adesso stringi i glutei e ruota le gambe *en dehors*.

Propedeutica

Il corso di propedeutica è fondamentale: ti insegna come muoverti, a utilizzare lo spazio, a indirizzare e dosare l'energia, a impostare il peso del corpo, a stare in equilibrio, a iniziare a "contare" il tempo e il ritmo musicale.

Ricordati che tutto questo deve essere fatto con grande concentrazione.

Piedi flex e point

Quando fletti i piedi solleva i talloni da terra e stendi bene le ginocchia.

Quando stendi i piedi cerca di toccare terra con le dita.

Questo è un esercizio per allungare e mantenere diritta la colonna vertebrale! Espira, apri e piega le gambe, spingi i talloni verso l'alto, appoggia le braccia all'interno delle ginocchia e mantieni la testa diritta. NON TIRARE MAI I PIEDI!!! Può essere dannoso per i tendini e i legamenti della caviglia.

SBAGLIATO

Le posizioni di base

Le posizioni dei piedi e delle braccia costituiscono le figure di base sulle quali si articola tutta la tecnica della danza classica.

Non sarebbe del tutto esatto parlare di posizione dei piedi, perché in realtà è tutta la gamba, a partire dall'articolazione dell'anca, a determinare la direzione e la posizione del piede.

Le braccia aiutano a prendere la forza, danno espressione e linea al movimento e fanno da cornice alla testa.

Come prima cosa iniziamo a conoscere le posizioni dei piedi che sono cinque. Inizialmente le imparerai con due mani alla sbarra, poi con una sola e infine comincerai a esercitarti al centro della sala. Segui le indicazioni qui di seguito.

Le posizioni dei piedi

PRIMA POSIZIONE

Le gambe sono unite e ruotate verso l'esterno e i piedi formano una linea retta.

SECONDA POSIZIONE

Le gambe sono ruotate verso l'esterno e i piedi formano una linea retta come nella prima posizione ma sono distanti tra loro di circa un piede e mezzo.

TERZA POSIZIONE

Le gambe sono unite e ruotate in fuori, il piede davanti è posizionato vicino all'arco plantare dell'altro.

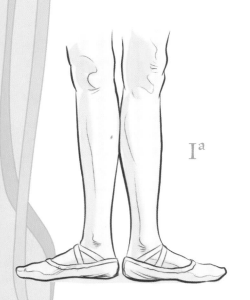

Iᵃ

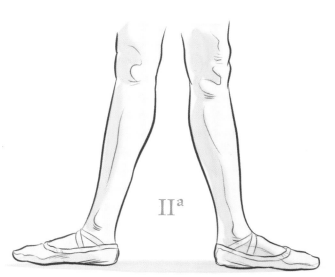

IIᵃ

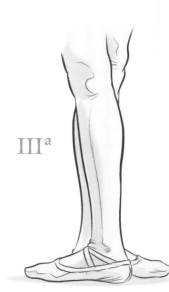

IIIᵃ

Poichè la danza classica è basata sul principio fondamentale dell'*en dehors* (ovvero la rotazione verso l'esterno) queste posizioni devono mostrare al pubblico la parte interna delle gambe e di conseguenza i piedi devono girare all'esterno di 90° rispetto all'asse del corpo. La pianta dei piedi deve essere appoggiata a terra, le dita devono essere rilassate e mai contratte, con le caviglie ben sostenute.

Ogni passo si fonda sulle posizioni di base, per questo è molto importante conoscerle bene e saperle eseguire correttamente.

Ricordati di mantenere la massima concentrazione per tutta la lezione: una piccola incertezza nei movimenti renderà meno piacevole la tua esibizione.

Nelle pagine successive andremo a conoscere le altre posizioni di base e cioè quelle delle braccia.

QUARTA POSIZIONE

Le gambe sono leggermente distanti, ruotate verso l'esterno e con i piedi in parallelo, uno dinanzi all'altro; le dita del piede davanti sono in corrispondenza del tallone del piede che sta dietro.

QUINTA POSIZIONE

Le gambe sono unite e ruotate verso l'esterno come in terza posizione, i piedi sono uno dinanzi all'altro e si toccano; le dita del piede davanti sono in corrispondenza del tallone del piede che sta dietro.

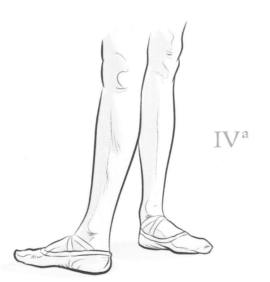

IVª

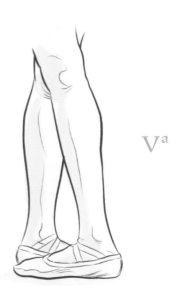

Vª

Le posizioni delle braccia

Le braccia devono essere sostenute e disposte in forma arrotondata; è molto importante non sollevare le spalle e mantenere le scapole ben abbassate.

A proposito delle posizioni delle braccia, bisogna dire che nella danza classica i vari metodi (Vaganova, Royal Academy of Dancing, Cecchetti) ne condividono alcune e ne disconoscono altre ma questo principio è valido anche per altre posizioni.

Il metodo Vaganova considera soltanto tre posizioni delle braccia (prima, seconda e terza); altri metodi invece ne utilizzano cinque, non sempre identiche tra loro.

Per tutti i metodi comunque valgono le posizioni di *bras bas*, la prima posizione, la seconda posizione, l'*allongée* e la *demi-seconde*.

Per tutti i metodi

POSIZIONE PREPARATORIA

Le braccia sono abbassate, tenute in avanti, staccate dal corpo a formare un ovale; le dita sono vicine, con i palmi verso l'interno, e non devono toccarsi tra loro.
È molto importante mantenere le ascelle libere: per farlo immagina di avere due palline da tennis sotto le braccia e di doverle sostenere.

PRIMA POSIZIONE

Le braccia sono sostenute e arrotondate all'altezza dell'ombelico.
Attenzione a non far cadere i gomiti!
Per evitarlo immagina di dover tenere un pallone tra le braccia.

SECONDA POSIZIONE

Le braccia sono aperte, sostenute e leggermente più basse dell'altezza delle spalle, i palmi delle mani sono rivolti in avanti.
Bisogna fare attenzione che i gomiti non cadano e che le mani si mantengano allungate in modo da non spezzare la linea.

bras bas   Iª   IIª

L'**allongée** è un particolare movimento delle braccia che può essere eseguito da tutte le posizioni: consiste nell'allungare le braccia facendo partire il movimento dalle dita.

La **demi-seconde** è una posizione intermedia tra la preparatoria (*bras bas*) e la seconda: le braccia sono arrotondate e leggermente più basse della seconda posizione. Questa posizione veniva utilizzata principalmente nelle danze storiche, di corte e in generale in quelle di carattere. Risale ai primi del '900 quando la seconda posizione veniva mantenuta più bassa rispetto a quella attuale.

Metodo Vaganova

TERZA POSIZIONE

Le braccia sono sollevate sopra la testa, leggermente in avanti e curve, le mani sono distanti tra loro di circa 5 cm, i palmi sono rivolti verso il basso.

QUARTA POSIZIONE

Non esiste.

QUINTA POSIZIONE

Non esiste.

Metodo Royal Academy

TERZA POSIZIONE

Le braccia vanno posizionate in questo modo: una è aperta e sostenuta alla seconda, l'altra è davanti e curva come nella prima posizione.

QUARTA POSIZIONE

Le braccia sono posizionate in questo modo: una è sollevata e curva come nella quinta mentre l'altra è aperta come nella seconda posizione.

QUINTA POSIZIONE

Le braccia sono sollevate sopra la testa leggermente in avanti e curve, le mani sono distanti tra loro di circa 5 cm, i palmi sono rivolti verso il basso.

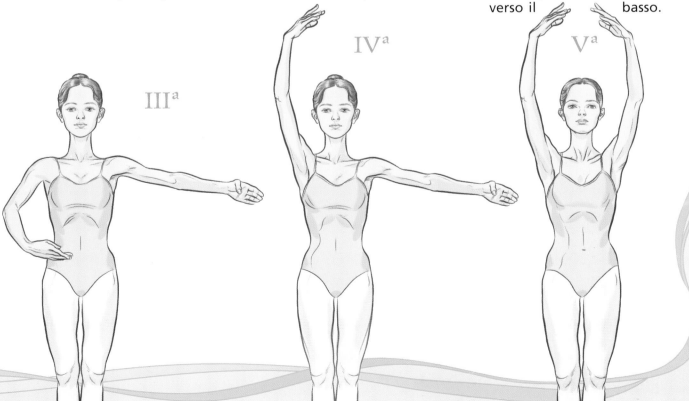

Impostazione del corpo

Nella danza classica la postura ha un ruolo determinante: un buon piazzamento consiste nel mettere in posizione corretta tutte le parti del corpo.

I punti di sostegno sono: i piedi, il bacino, la schiena e le scapole. La linea tratteggiata che vedi nel disegno rappresenta l'asse verticale passante per il centro del corpo.

Contrai i muscoli dei glutei per non farli sporgere in fuori e per mantenere la rotazione delle gambe dall'interno del bacino, il cosiddetto *en dehors*.

Mantieni le spalle perpendicolari al bacino e al centro dell'arco plantare: nonostante le sue curve naturali cerca di sentire la colonna vertebrale allineata.

Il peso del corpo è distribuito al centro e allungato verso l'alto. Per una corretta impostazione sono molto importanti i muscoli addominali: la loro contrazione ti servirà a tenere in tensione e in dentro la pancia e le costole; il bacino viene spinto in avanti e risulta abbassato, riducendo così la curva lombare. In questo modo il peso di gravità andrà a cadere sugli avampiedi. Allo stesso tempo contrai i glutei affinché i muscoli stabilizzino la posizione del bacino e aiutino la rotazione delle gambe *en dehors*.

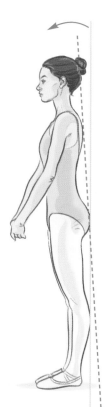

A sinistra la posizione CORRETTA: posizionati con il peso leggermente in avanti sulle dita dei piedi e immagina che qualcuno tiri i tuoi capelli verso l'alto.

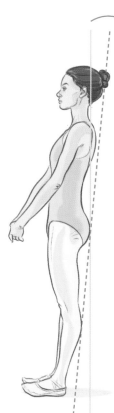

Non devi assolutamente portare il peso sui talloni altrimenti vai fuori asse.

Mantieni la colonna vertebrale allungata e non inarcare la schiena spingendo indietro il bacino.

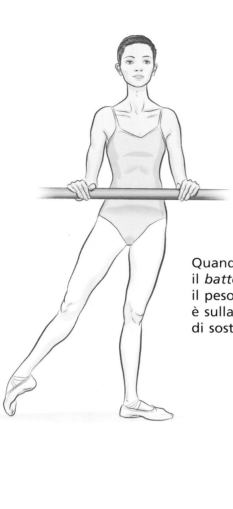

Quando esegui
il *battement tendu*
il peso del corpo
è sulla gamba
di sostegno.

In prima posizione,
con due mani alla
sbarra, il peso è
distribuito su
entrambi i piedi.

Quando sei al centro,
in quinta posizione,
incrocia bene le gambe,
stringi i glutei, mantieni
il busto eretto, sostieni
le braccia e abbassa
le spalle.

Spalle, braccia e mani

Le spalle devono rimanere rilassate e abbassate per consentire un miglior allungamento del collo. Il bacino è in asse: non devi "sederti" su un fianco né spingere indietro o in avanti il bacino.

Fai molta attenzione a sostenere bene le braccia e a non lasciar cadere i gomiti: oltre a non sostenerti correttamente la schiena, le scapole eserciterebbero una pressione troppo forte sulla colonna vertebrale causando una scoliosi.

Sostieni bene le braccia e non farle scendere con i gomiti verso il basso.

Questo è quello che succede se le scapole si chiudono: gravano sulla colonna vertebrale e, se non correggi la posizione, generano nel tempo una scoliosi.

Fai attenzione alle mani: non devono mai spezzare la linea delle braccia.

Le dita devono essere rilassate, senza nessuna contrazione; il pollice è abbassato e allungato vicino al dito medio.

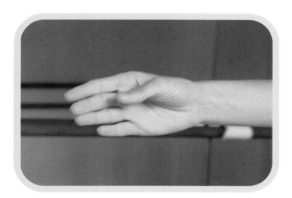

Posiziona le mani senza alcuna tensione, uniscile in modo delicato e leggero, chiudi il pollice verso il dito medio.

Non scaricare le tue tensioni sulle dita delle mani, tienile rilassate!!!

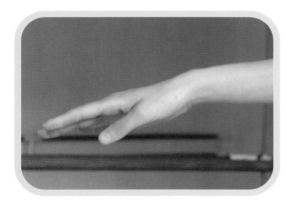

Le dita sono rilassate, le mani in *allongée*, senza nessuna contrazione, il pollice è abbassato e allungato vicino al dito medio.

Le mani non devono mai spezzare la linea delle braccia.

La sbarra

Andiamo ora a conoscere insieme gli esercizi di base che dovrai eseguire alla sbarra. Ricordati però che la sbarra ti servirà solo come punto di appoggio delle mani e non dovrai mai aggrapparti con forza.

Per cominciare poggia delicatamente tutte e due le mani sulla sbarra. La distanza che dovrai mantenere dalla sbarra è quella della lunghezza dei tuoi avambracci, che devono essere piegati, con i gomiti ben abbassati e vicini ai tuoi fianchi.

Ricordati che una corretta impostazione è fondamentale per la colonna vertebrale, le gambe, le ginocchia e i piedi. Le caviglie devono essere sempre sostenute in modo che tutta la pianta dei piedi sia appoggiata bene a terra. Fai molta attenzione alle dita dei

A sinistra la posizione CORRETTA:
la mano deve essere appoggiata con delicatezza!!!

A destra la posizione SBAGLIATA:
non aggrapparti mai alla sbarra in questo modo!!!

Quando appoggi due mani alla sbarra abbassa i gomiti e mantieni la giusta distanza, senza allontanarti troppo, e non inarcare la schiena.

piedi: devono essere rilassate e mai contratte, i mignoli devono sempre rimanere appoggiati; questo eviterà alle caviglie di cedere in avanti e di causare danni alle articolazioni dei piedi e delle ginocchia.

Lavorerai alternativamente sulla parte destra e sinistra del tuo corpo.

Una volta che avrai imparato i primi esercizi alla sbarra e ti sarai esercitata bene puoi passare alla fase successiva in cui li eseguirai poggiando una sola mano.

Gli esercizi alla sbarra sono una parte basilare della lezione di danza: tutti i ballerini, anche le più grandi stelle del balletto, li eseguono prima di entrare in scena.

Gli esercizi alla sbarra fanno aumentare l'afflusso del sangue: ricevendo più ossigeno la massa muscolare si riscalda e può così lavorare duramente evitando traumi alle articolazioni e ai tendini.

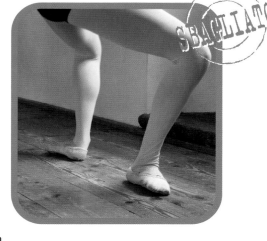

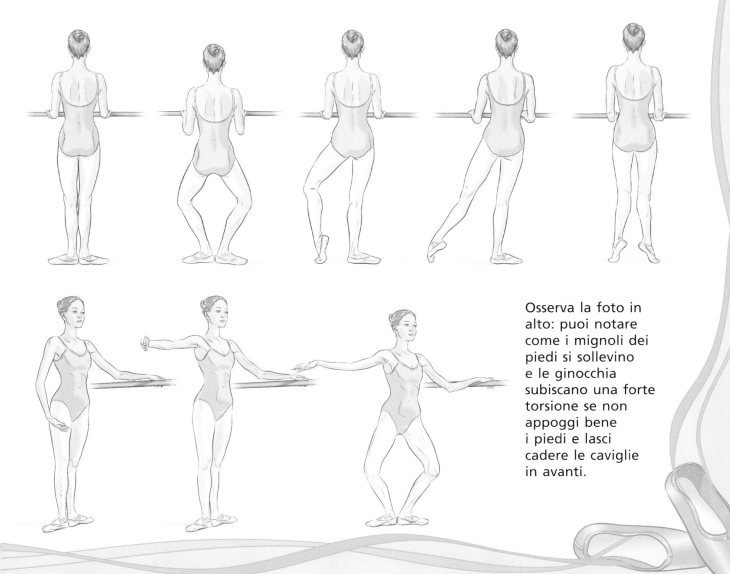

Osserva la foto in alto: puoi notare come i mignoli dei piedi si sollevino e le ginocchia subiscano una forte torsione se non appoggi bene i piedi e lasci cadere le caviglie in avanti.

Plié

Dopo aver imparato le posizioni di base dei piedi cominciamo con l'eseguire uno degli esercizi fondamentali nello studio della danza: il *plié*, che in francese significa "piegato".

Le tipologie di plié sono due: il *demi-plié* consiste nel piegare le ginocchia a metà senza sollevare mai i talloni da terra; il *grand-plié* consiste nel piegare completamente le ginocchia e soltanto nella seconda posizione i talloni non devono sollevarsi da terra.

PLIÉ IN PRIMA POSIZIONE

1 Una mano alla sbarra; i piedi sono in Iª, le braccia sono aperte in IIª.

2 Esegui un *demi-plié* piegando le ginocchia senza sollevare i talloni: è molto importante mantenere le ginocchia allargate e aperte.

Continua la discesa sollevando i talloni più tardi possibile: questo è il *grand-plié*. **3**

4 Durante la risalita appoggia i talloni prima possibile, impiegando lo stesso tempo utilizzato per la discesa e senza mai "sederti".

5 Stendi le ginocchia e ritorna nella posizione iniziale.

I *plié* vengono eseguiti in tutte le posizioni dei piedi mentre le braccia si muovono in coordinazione nelle diverse posizioni. Nei primi anni di studio gli esercizi vengono eseguiti utilizzando soltanto la prima, la seconda e la terza posizione dei piedi; la quarta e la quinta sono più difficili da mantenere perché richiedono maggiore forza muscolare e maggiore rotazione dell'*en dehors*. In seguito poi è la terza posizione a non venir più utilizzata e anche i professionisti durante la lezione difficilmente la eseguono.

Il busto deve essere mantenuto eretto. Le ginocchia devono seguire la linea dei piedi per non causare danni ai legamenti e alle caviglie. Infine si deve distribuire il peso del corpo su entrambi i piedi.

PLIÉ IN SECONDA

1 Una mano alla sbarra; i piedi e le braccia sono in IIª.

2 Fai un *demi-plié* e allunga il braccio.

3 Continua a scendere in *grand-plié*, senza sollevare i talloni.

4-5. Mentre risali passa dal *demi-plié*, mantieni il busto dritto e le ginocchia in fuori quindi torna a stendere le gambe.

4

5

Battement Tendu

Nelle prime lezioni questo esercizio viene eseguito, partendo dalla prima posizione, in avanti, di lato, indietro e ancora di lato. Questo schema, che ripeterai per tutti gli esercizi, si chiama *en croix* (a croce), proprio perché il variare di direzione delle gambe disegna una croce immaginaria. Il *battement* si esegue in due fasi: una di andata e una di ritorno alla posizione iniziale. Nella fase di andata il tallone si spinge in avanti e si solleva più tardi possibile, in quella di ritorno si riappoggia il prima possibile: questo ti aiuterà a ottenere maggior controllo dell'*en dehors* e a esercitare al meglio i piedi.

1 Una mano alla sbarra; i piedi sono in Iª, le braccia sono aperte in IIª.

2 Striscia e allunga il piede in avanti senza sollevarlo da terra. Riporta indietro la gamba nella posizione iniziale appoggiando il tallone prima possibile e strisciando bene il piede a terra.

3 Esegui ora lo stesso esercizio di lato e mantieni i fianchi ben dritti senza sollevare il bacino.

4 Ripeti l'esercizio portando la gamba indietro. Mantieni il tallone parallelo con quello della gamba portante. Stendi bene il piede.

Battement Tendu Jeté

Nel *battement tendu jeté* il movimento delle gambe è uguale a quello del *tendu*: la differenza sta nella velocità della sua esecuzione e nel fatto che il piede non deve rimanere appoggiato a terra fino alla fine, bensì essere sollevato di qualche centimetro al termine della fase di andata per permettere al piede di stendersi rapidamente.

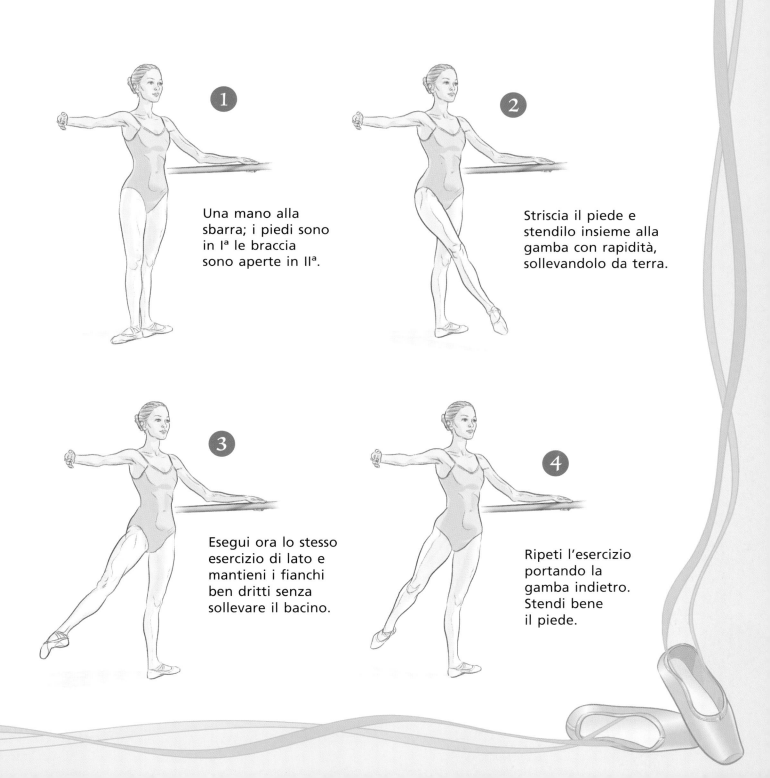

1 Una mano alla sbarra; i piedi sono in Iª le braccia sono aperte in IIª.

2 Striscia il piede e stendilo insieme alla gamba con rapidità, sollevandolo da terra.

3 Esegui ora lo stesso esercizio di lato e mantieni i fianchi ben dritti senza sollevare il bacino.

4 Ripeti l'esercizio portando la gamba indietro. Stendi bene il piede.

Rond de jambe par terre

Lo scopo principale di questo esercizio è quello di migliorare il controllo e il lavoro sull'*en dehors*. Il *rond de jambe* inizia, dopo la preparazione, portando la gamba di lato.

Immagina di disegnare per terra un semicerchio, come se la punta del piede fosse la matita di un compasso, evitando di esercitare troppa pressione con le dita dei piedi. Il *rond de jambe par terre* viene eseguito in *en dehors* e *en dedans*.

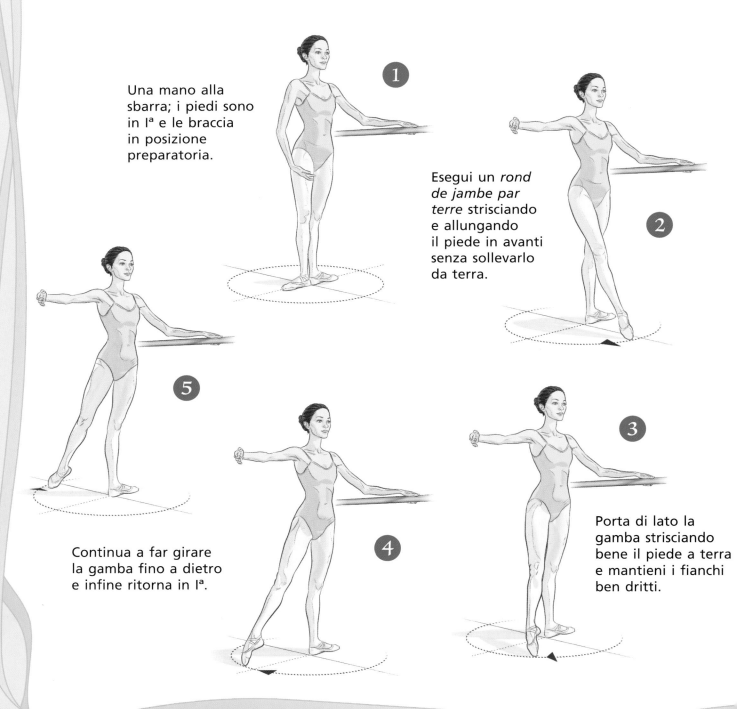

Una mano alla sbarra; i piedi sono in Iª e le braccia in posizione preparatoria.

Esegui un *rond de jambe par terre* strisciando e allungando il piede in avanti senza sollevarlo da terra.

Porta di lato la gamba strisciando bene il piede a terra e mantieni i fianchi ben dritti.

Continua a far girare la gamba fino a dietro e infine ritorna in Iª.

Frappé

Questo esercizio ti servirà a preparare i piedi ai salti, che farai in seguito. Si esegue avvicinando il piede della gamba che lavora, in posizione flessa, sulla caviglia, all'altezza del malleolo della gamba di sostegno. Quindi la posizione si sviluppa. Fai attenzione all'esecuzione dell'esercizio: per portare la gamba a stendersi insieme al piede, tornare nella posizione iniziale e riproporre la sequenza *en croix*, il movimento deve esser rapido, come una molla che scatta.

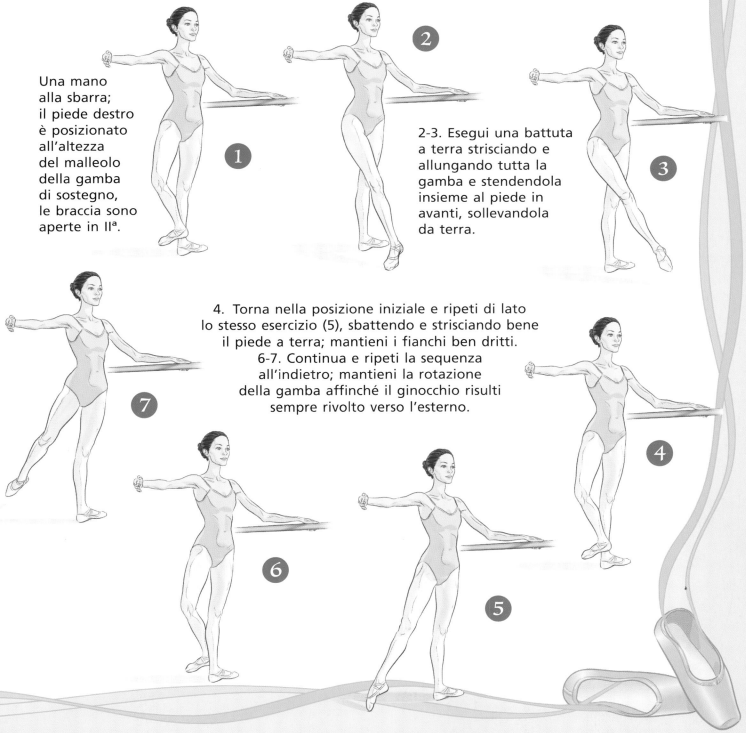

Una mano alla sbarra; il piede destro è posizionato all'altezza del malleolo della gamba di sostegno, le braccia sono aperte in IIª.

2-3. Esegui una battuta a terra strisciando e allungando tutta la gamba e stendendola insieme al piede in avanti, sollevandola da terra.

4. Torna nella posizione iniziale e ripeti di lato lo stesso esercizio (5), sbattendo e strisciando bene il piede a terra; mantieni i fianchi ben dritti.
6-7. Continua e ripeti la sequenza all'indietro; mantieni la rotazione della gamba affinché il ginocchio risulti sempre rivolto verso l'esterno.

Grand Battement

Il *grand battement* è un esercizio che deve essere eseguito con molta energia e velocità affinché la gamba raggiunga al massimo l'estensione muscolare: per fare questo non ti concentrare sull'idea di dover sollevare alta la gamba, bensì di doverla allungare quasi come volessi sfilarla dal bacino. Questo ti aiuterà a tenere la gamba libera nel movimento e, allo stesso tempo, priva di qualsiasi contrazione muscolare.

1 Una mano alla sbarra; i piedi sono in Vᵃ e le braccia in IIᵃ.

2 La gamba davanti fa strisciare bene il piede a terra e si stende per raggiungere la massima estensione; le braccia sono aperte in IIᵃ.

3 Ritorna nella posizione iniziale ed esegui lo stesso esercizio strisciando e allungando la gamba di lato; fai molta attenzione a non sollevare i fianchi, a mantenere il busto ben eretto e le spalle abbassate.

4 Continua e ripeti indietro la sequenza; presta molta attenzione al ginocchio della gamba di sostegno che tende a piegarsi nella velocità di chiusura dell'altra.

Battement Fondu

Questo esercizio è molto importante per la tonificazione dei muscoli quadricipiti delle gambe. Deve essere eseguito lentamente ma non troppo altrimenti si rischia di irrigidire e gonfiare i muscoli. L'esecuzione corretta dei *fondu* comporterà una maggiore forza nel sostenere il corpo al centro e richiederà un maggior controllo dell'equilibrio, soprattutto durante l'esecuzione nell'*adage*. Le braccia solitamente sono in seconda posizione o eseguono diversi *port de bras* di accompagnamento.

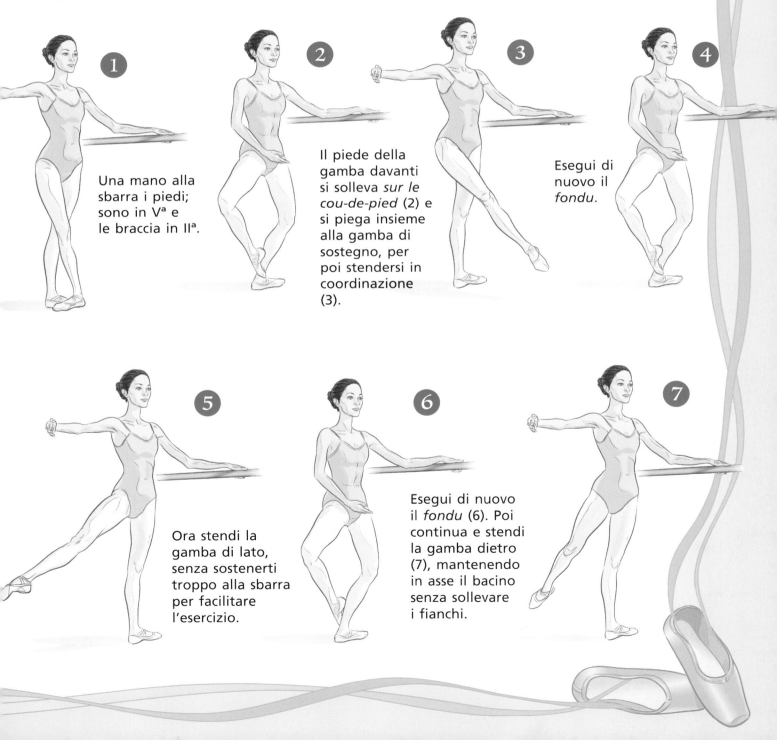

1 Una mano alla sbarra i piedi; sono in Vª e le braccia in IIª.

2 **3** Il piede della gamba davanti si solleva *sur le cou-de-pied* (2) e si piega insieme alla gamba di sostegno, per poi stendersi in coordinazione (3).

4 Esegui di nuovo il *fondu*.

5 Ora stendi la gamba di lato, senza sostenerti troppo alla sbarra per facilitare l'esercizio.

6 **7** Esegui di nuovo il *fondu* (6). Poi continua e stendi la gamba dietro (7), mantenendo in asse il bacino senza sollevare i fianchi.

Développé

Questo esercizio serve a sviluppare e allungare la fascia tendinea muscolare interna delle gambe. Proprio per questo devi evitare di trattenere la tua energia e contrarre la fascia muscolare esterna, altrimenti le gambe non riescono a raggiungere il massimo della loro estensione che, a seconda della tua predisposizione fisica, può arrivare anche a un'altezza di oltre 180°.

1 Una mano alla sbarra; i piedi sono in Vª e le braccia si muoveranno in coordinazione con le gambe.

2 Il piede della gamba davanti si solleva e scorre sulla gamba di sostegno (questo movimento si chiama *retiré*).

3 La gamba si sviluppa e si stende completamente in avanti. Mantieni bene l'*en dehors* con il tallone rivolto verso l'alto.

4 Riporta la gamba a terra e ritorna nella posizione iniziale. Continua e ripeti l'esercizio di lato e indietro.

Petit Battement
sur le cou-de-pied

Questo esercizio serve a far acquistare velocità alle gambe e rinforzare i muscoli inferiori (polpacci etc.). All'inizio il piede della gamba che lavora è posizionato sopra il collo del piede della gamba di sostegno. Nei primi anni di studio è bene farlo senza nessun accento, lentamente, per capire bene il movimento ed eseguirlo liberamente. È molto importante mantenere la parte superiore della gamba immobile, mentre quella inferiore esegue ripetuti passaggi dall'avanti all'indietro e viceversa. L'esercizio viene eseguito sulla pianta del piede, sulla mezza punta e talvolta concluso in *plié*.

1 Una mano alla sbarra; il piede destro avvolge la caviglia della gamba di sostegno; le braccia sono in posizione di *bras bas*.

2 Il piede si distacca dalla gamba di sostegno e apre leggermente di lato; mantieni il ginocchio immobile e ben *en dehors*.

3 Chiudi e posiziona il piede dietro la gamba di sostegno sotto al polpaccio, poi ritorna nella posizione iniziale: questo è il *petit battement sur le cou-de-pied*.

Al centro

Dopo gli esercizi alla sbarra, passiamo al centro, lo spazio della sala nel quale si svolge la seconda parte della lezione. Si ripetono, combinati tra loro, gli esercizi eseguiti precedentemente, ma senza la sbarra. Il lavoro sarà più difficile, ma così imparerai a muoverti, a utilizzare lo spazio, quindi a danzare. Per capire le direzioni del corpo e il suo giusto allineamento immagina di stare al centro di un quadrato nel punto in cui si incrociano le linee delle sue diagonali, in modo da formarti un diagramma di riferimento.

Le pose nella danza classica sono molto importanti, per questo motivo bisogna imparare ad eseguirle in modo corretto sin dall'inizio. Devono essere rappresentate con eleganza e senso artistico: tutto il corpo ne è coinvolto, dalla posizione della testa a quella delle braccia, mani e piedi. Un particolare atteggiamento del corpo è dato anche dagli *épaulement* cioè attraverso le posizioni delle spalle che sono orientate in diagonale rispetto alla posizione *en face*.

PICCOLA POSA CROISÉE DEVANT
Stendi la gamba in avanti e mantieni un braccio in Iª e l'altro in IIª; gira la testa verso l'esterno.

GRANDE POSA CROISÉE DEVANT
Stendi la gamba in avanti, porta un braccio in alto e l'altro in IIª; gira la testa verso l'esterno.

PICCOLA POSA CROISÉE DERRIÈRE
Stendi indietro la gamba, mantieni un braccio in Iª e l'altro in IIª; gira la testa di lato verso l'esterno.

GRANDE POSA CROISÉE DERRIÈRE
Stendi indietro la gamba, porta un braccio in alto e l'altro in IIª; gira la testa di lato verso l'esterno.

PICCOLA POSA
EFFACÉE DEVANT
Stendi la gamba in avanti, mantieni un braccio in Iª e l'altro in IIª; gira la testa di lato verso l'esterno, inclina il busto leggermente indietro.

GRANDE POSA
EFFACÉE DEVANT
Stendi la gamba in avanti, porta un braccio in alto e l'altro in IIª; gira la testa di lato verso l'esterno, inclina il busto leggermente indietro.

PICCOLA POSA
EFFACÉE DERRIÈRE
Stendi la gamba indietro, mantieni un braccio in Iª e l'altro in IIª; gira la testa di lato verso l'esterno, inclina il busto leggermente in avanti.

GRANDE POSA
EFFACÉE DERRIÈRE
Stendi la gamba indietro, porta un braccio in alto e l'altro in IIª; gira la testa di lato verso l'esterno, solleva un po' il viso e piega il busto leggermente in avanti.

GRANDE POSA
ÉCARTÉE DEVANT
Il corpo è posizionato su una diagonale. Stendi la gamba di lato verso il pubblico in IIª. Un braccio, passando dalla Iª, apre in IIª, mentre l'altro sale in alto; gira la testa verso l'esterno, lo sguardo è rivolto verso l'avambraccio.

GRANDE POSA
ÉCARTÉE DERRIÈRE
Il corpo è posizionato su una diagonale. Stendi la gamba in IIª lontana dal pubblico. Un braccio, passando dalla Iª, apre in IIª, mentre l'altro sale in alto; gira la testa, guarda verso la mano e inclinati con il corpo in direzione del pubblico.

Port de bras

Il *port de bras* è la base dello studio del movimento delle braccia ed essendo una delle parti più difficili dello studio della danza, richiede molto impegno e concentrazione. Il controllo e l'utilizzo perfetto delle braccia indica che si è frequentato una buona scuola. Attraverso un uso corretto le braccia acquistano bellezza nelle linee che assumono e durante il movimento sono di primaria importanza nella coordinazione e nell'espressione artistica di una brava ballerina: rendono armoniosi e fluidi i passaggi da una posizione all'altra durante l'esecuzione di un balletto.

La posizione della testa, lo sguardo e l'espressione, danno ancor più eleganza al movimento e sottolineano le pose.

Esistono diversi *port de bras*: per iniziare ti spiego il primo, il secondo e il terzo.

PRIMO PORT DE BRAS

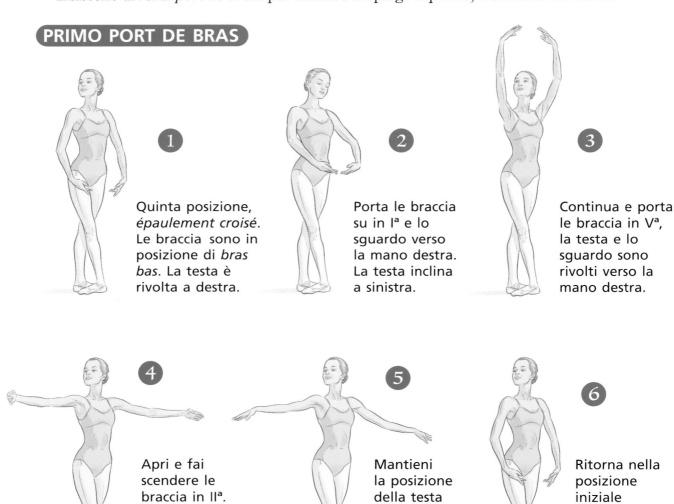

1 Quinta posizione, *épaulement croisé*. Le braccia sono in posizione di *bras bas*. La testa è rivolta a destra.

2 Porta le braccia su in Iª e lo sguardo verso la mano destra. La testa inclina a sinistra.

3 Continua e porta le braccia in Vª, la testa e lo sguardo sono rivolti verso la mano destra.

4 Apri e fai scendere le braccia in IIª. La testa e lo sguardo sempre verso destra.

5 Mantieni la posizione della testa e fai un'*allongée*.

6 Ritorna nella posizione iniziale preparatoria (*bras bas*).

SECONDO PORT DE BRAS

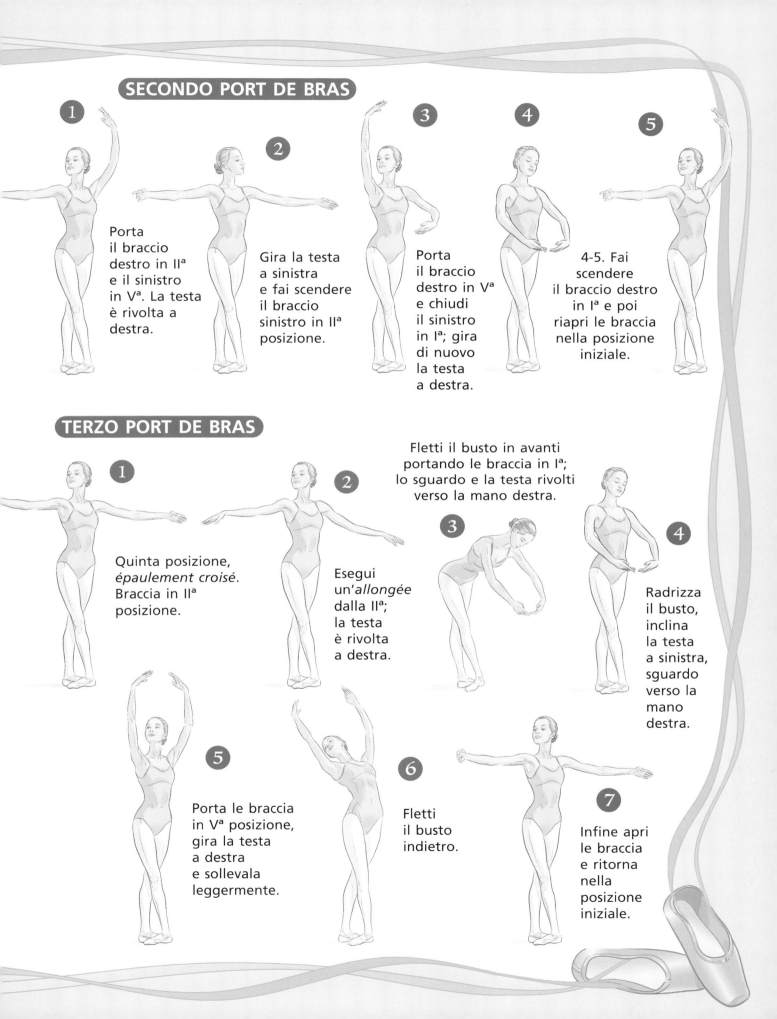

1 Porta il braccio destro in IIª e il sinistro in Vª. La testa è rivolta a destra.

2 Gira la testa a sinistra e fai scendere il braccio sinistro in IIª posizione.

3 Porta il braccio destro in Vª e chiudi il sinistro in Iª; gira di nuovo la testa a destra.

4-5. Fai scendere il braccio destro in Iª e poi riapri le braccia nella posizione iniziale.

TERZO PORT DE BRAS

1 Quinta posizione, *épaulement croisé*. Braccia in IIª posizione.

2 Esegui un'*allongée* dalla IIª; la testa è rivolta a destra.

3 Fletti il busto in avanti portando le braccia in Iª; lo sguardo e la testa rivolti verso la mano destra.

4 Radrizza il busto, inclina la testa a sinistra, sguardo verso la mano destra.

5 Porta le braccia in Vª posizione, gira la testa a destra e sollevala leggermente.

6 Fletti il busto indietro.

7 Infine apri le braccia e ritorna nella posizione iniziale.

Attitude

Nella danza classica esiste una posa particolare chiamata *attitude*, la quale, così come l'*arabesque*, è una posa esteticamente espressiva e lirica. Essa si ispira all'atteggiamento della statua di Mercurio dello scultore Giambologna (vedi pag. 16).

È una posa che poggia su una sola gamba, mentre l'altra sollevata da terra è piegata in avanti o indietro e si distingue in *croisée* ed *effacée*, sia *devant* che *derrière*.

Si esegue anche alla sbarra ed è tra gli esercizi più avanzati: solitamente viene studiata per gli *adages*, nelle *pirouettes*, nei grandi salti e nel *pas de deux*.

ATTITUDE CROISÉE DEVANT

Mantieni la gamba di sostegno ben ruotata *en dehors* e tesa, senza far cadere la caviglia in avanti. Tieni le spalle ben abbassate e aperte, solleva l'altra gamba e posizionala piegata davanti. Fai molta attenzione al ginocchio, che non deve essere rivolto verso il basso. Passando dalla Iª posizione, un braccio apre in IIª mentre l'altro sale in alto; la testa è rivolta lateralmente, verso l'esterno.

ATTITUDE EFFACÉE DERRIÈRE

Mantieni la gamba di sostegno ben tesa e ruotata *en dehors*, senza far cadere la caviglia in avanti. Tieni le spalle ben abbassate e aperte, solleva l'altra gamba e posizionala piegata dietro. Fai attenzione al tallone, che deve essere rivolto verso l'alto. Passando dalla Iª un braccio apre in IIª mentre l'altro sale in alto; la testa è rivolta lateralmente, verso l'esterno.

Arabesque

L'*arabesque* è una delle posizioni più belle della danza classica. La parola indica un antico disegno ornamentale, con linee di rami, foglie e intrecci che andavano a formare un insieme di figure favolose e astratte, in perfetto equilibrio, proprio come deve apparire una ballerina quando assume questa posizione.

Nella danza classica accademica, esistono quattro posizioni di *arabesque*, che si differenziano in base alla posizione di braccia, spalle, testa e gambe.

Ricordati che le braccia devono trovarsi in perfetta armonia con le gambe, le spalle devono essere mantenute ben abbassate, le gambe ben tese e ruotate verso l'esterno, la schiena ben sostenuta e aperta. In questo modo è possibile raggiungere quella linea perfetta che scorre attraverso il braccio, le spalle, la schiena e va dalle dita delle mani a quelle dei piedi.

Per capire la corretta posizione del corpo, delle braccia, delle gambe e del bacino è bene iniziare a eseguire l'esercizio a terra; una volta imparate le posizioni e raggiunta la forza necessaria potrai iniziare a sollevare la gamba fino all'altezza di 90° e anche oltre. Dopo anni di studio e di esercizio proverai a eseguire i passi più difficili, come per esempio il bellissimo *arabesque penché*.

PRIMO ARABESQUE

Mantieni la gamba di sostegno ben ruotata *en dehors* e tesa, senza far cadere la caviglia in avanti; tieni le spalle abbassate e aperte, la testa ben dritta con lo sguardo rivolto lungo la linea del braccio allungato avanti, che è opposto alla gamba che si solleva. Mantieni le punte ben tese facendo attenzione a non sollevare i fianchi e a portare fuori asse il bacino; tieni l'altro braccio in IIª e il palmo delle mani rivolto verso il basso.

Adage

L'*adage*, che tradotto in italiano significa "adagio - lento", comprende un insieme di esercizi combinati tra loro. L'esercitazione continua servirà a rinforzarti muscolarmente e a farti acquistare stabilità.

La stabilità nell'esecuzione è di basilare importanza nella ballerina: con la stabilità del corpo si ottiene la padronanza e si è capaci di fare quello che si vuole a livello tecnico, ma questo si acquisisce solo con gli anni di studio.

Ricordati che devi cominciare a sentire la stabilità già nell'esecuzione degli esercizi alla sbarra. Anche nello studio dell'*adage* alla sbarra, durante gli esercizi, il tuo corpo deve stare dritto

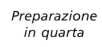

*Preparazione
in quarta*

Retiré passé
in relevé *sulla
mezza punta*

Arabesque
in relevé *sulla
mezza punta*

Penché

sulla gamba di sostegno: prova talvolta a liberare la mano che hai alla sbarra senza perdere l'equilibrio.

In queste pagine troverai illustrati alcuni esercizi e pose che potrai eseguire durante le combinazioni nell'*adage*. In particolar modo nei primi anni di studio ti eserciterai molto in questa parte artistica della lezione in quanto si tratta di un insieme di passi collegati tra loro con movimenti e tempi musicali lenti. Durante l'esecuzione dovrai concentrarti anche nella ricerca interiore della tua forma espressiva che è parte integrante della formazione di una ballerina.

I *port de bras* nell'*adage* sono il primo approccio per iniziare a sentire le sensazioni e le emozioni che la danza può darti.

Cambré en arrière *con le braccia in quinta*

Quinta posizione

Attitude croisée devant

Pirouettes

Prima di esercitarti per le *pirouettes* dovrai aver raggiunto una certa padronanza tecnica. Cosa significa? Ti accorgerai che lo studio del corpo che gira su una sola gamba non è cosa semplice: bisogna conoscere perfettamente la coordinazione necessaria, in modo da poter eseguire il movimento in maniera perfetta, altrimenti si avrà la sensazione di perdere controllo ed equilibrio.

PIROUETTE EN DEHORS DALLA QUARTA

1. Dalla IVª, con la gamba destra dietro, esegui un *demi-plié*. Il braccio destro è in Iª, il sinistro in IIª. Mantieni il peso del corpo ben distribuito su entrambi i piedi e la schiena dritta.

2. Spingendo con entrambi i piedi, esercita una spinta e portati sulla mezza punta del piede sinistro sollevando in *passé* la gamba destra. Simultaneamente apri il braccio destro in IIª e richiudilo in Iª durante le *pirouettes*.

PIROUETTE EN DEHORS DALLA QUINTA

1. Dalla Vª con la gamba destra davanti esegui un *demi-plié*, il braccio destro è in Iª, il sinistro in IIª. Mantieni il peso del corpo ben distribuito su entrambi i piedi e la schiena dritta.

2. Spingendo con entrambi i piedi esercita una forza e portati sulla mezza punta del piede sinistro e solleva in *retiré* la gamba destra, simultaneamente apri il braccio destro in IIª e richiudilo in Iª durante la *pirouette*.

È fondamentale aver acquisito la giusta forza muscolare e la tenuta del *relevé*. Perciò non cercare di fare una di queste *pirouettes* se non hai ancora l'equilibrio necessario. Per ottenerlo non trascurare gli esercizi elementari: senza uno studio graduale dei movimenti delle gambe non potrai ottenere i risultati utili ad assimilare e capire, in seguito, la forza muscolare e la coordinazione necessaria a eseguire le *grands pirouettes*, che possono essere eseguite *en dehors* ed *en dedans*. Quando il corpo girerà nella direzione esterna della gamba sollevata in *passé* sarà *en dehors* cioè verso l'esterno, quando invece il corpo girerà verso l'interno sarà *en dedans*, cioè verso la gamba di terra.

Ci sono anche tanti passi che possono essere eseguiti girando, vengono in questo caso definiti *en tournant*.

L'uso della testa, il cosiddetto "scatto", svolge una funzione di primaria importanza nella *pirouette*: è giusto quindi eseguire degli appositi esercizi che ti serviranno a velocizzare proprio lo scatto della testa e a focalizzare un punto preciso di partenza e ritorno. Ricordati sempre che durante le *pirouettes*, la testa è la parte del corpo che parte per ultima e arriva per prima!!! La linea delle spalle dovrà assolutamente rimanere parallela e perpendicolare a quella dei fianchi. Le braccia, dopo la posizione di partenza, dovranno chiudersi simultaneamente durante la *pirouette* e poi aprirsi nuovamente all'arrivo in seconda, rimanendo bene in *demi-plié*.

PIROUETTE EN DEDANS DALLA QUARTA

La gamba davanti è in *demi-plié* mentre quella dietro è tesa; un braccio è in Iª e l'altro in IIª. Distribuisci il peso del corpo appoggiandoti sul piede davanti e mantieni la schiena dritta.

1

Esercita una spinta maggiore con entrambi i piedi e portati sulla mezza punta del piede sinistro, sollevando in *passé* la gamba destra; simultaneamente apri il braccio sinistro in IIª e portalo in alto in coordinazione con l'altro.

Grand Pirouette

Lo studio della *grand pirouette*, in *arabesque* e in *attitude*, avviene sulle mezze punte, con la stessa preparazione che si fa per lo studio delle piccole rotazioni: la posizione preparatoria dei piedi è identica. Anche queste *pirouettes* possono essere eseguite *en dehors* o *en dedans*.

Ottenere una forza tale da permettere l'esecuzione di tante *pirouettes* risulterà molto difficoltoso: per raggiungere una perfetta perpendicolarità e mantenere la posa

PIROUETTE IN ARABESQUE

La gamba davanti è in *demi-plié* mentre quella dietro è tesa; il braccio destro è in Iª e il sinistro in IIª. Il peso del corpo, che inclina leggermente, è più appoggiato sul piede davanti.

Spingendo con entrambi i piedi sali sulla mezza punta portando il tallone in avanti e sollevando la gamba dietro in *arabesque*. Simultaneamente apri il braccio destro in IIª per esercitare una spinta e sostieni anche l'altro braccio. Tieni il palmo delle mani rivolto verso il basso e mantieni la posa durante la rotazione.

durante le rotazioni occorre molto esercizio. La prima condizione, indispensabile per riuscire a fare delle belle rotazioni, è tenere il corpo ben "unito", evitando di perdere il controllo alla fine; in gergo tecnico si usa dire che bisogna trovare "il davanti" ovvero che è utile concentrarsi su un punto davanti agli occhi per "ritrovarlo" dopo la rotazione, in modo da ridurre il senso di vertigine.

In teoria, durante la *pirouette* e tutti i tipi di rotazione, la testa andrebbe tenuta rivolta verso il pubblico o sul davanti, appunto, più tempo possibile.

Questi tipi di rotazioni sono lenti e vengono eseguiti solitamente durante l'*adage*.

PIROUETTE IN ATTITUDE

1 La gamba davanti è in *demi-plié* mentre quella dietro è tesa; il braccio destro è in Iª e il sinistro in IIª. Il peso del corpo, che inclina leggermente, è più appoggiato sul piede davanti.

2

Sali sulla mezza punta, portando il tallone in avanti, e solleva la gamba dietro in *attitude*. Simultaneamente apri il braccio destro in IIª per esercitare una spinta e sostienilo. Solleva l'altro braccio in alto e mantieni la posa durante la rotazione.

Glissade

La *glissade*, che significa "scivolata", può essere fatta in diverse direzioni: in avanti, di lato, indietro e si può eseguire cambiando il piede in chiusura o anche senza cambiarlo. Il corpo si sposta, sollevandosi leggermente da terra, per poi chiudersi in un profondo *demi-plié*. Durante l'esecuzione ricordati di stendere bene le punte dei piedi.

Questo esercizio ti sarà molto utile per la preparazione ai salti.

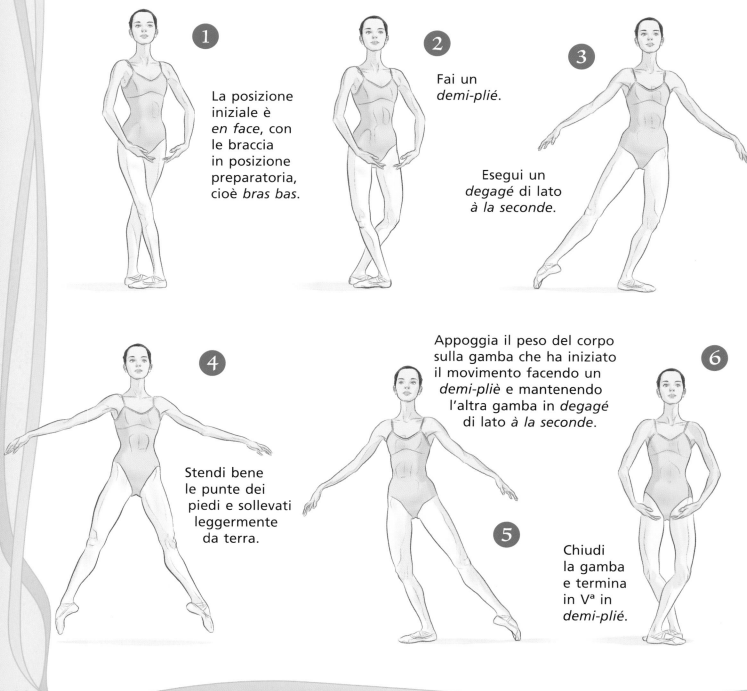

1 La posizione iniziale è *en face*, con le braccia in posizione preparatoria, cioè *bras bas*.

2 Fai un *demi-plié*.

3 Esegui un *degagé* di lato *à la seconde*.

4 Stendi bene le punte dei piedi e sollevati leggermente da terra.

5 Appoggia il peso del corpo sulla gamba che ha iniziato il movimento facendo un *demi-plié* e mantenendo l'altra gamba in *degagé* di lato *à la seconde*.

6 Chiudi la gamba e termina in Vª in *demi-plié*.

Pas de bourrée

Il *pas de bourrée* è un passo che permette lo spostamento del peso del corpo da una gamba all'altra; ti sarà di aiuto per capire e sviluppare l'equilibrio e migliorare lo spostamento nello spazio. Esiste in diverse forme e varianti: questo permette di inserirlo in tante combinazioni e di eseguirlo anche durante l'allegro.

È definito come "passo di collegamento" perché permette di unire tra loro gli altri passi o movimenti che così riuniti vengono definiti "di legazione"; questa concatenazione è detta *enchaînement*.

In *épaulement croisé*, fai un *demi-plié* e porta una gamba *sur le cou-de-pied derrière*; mantieni un braccio in Iª e l'altro in IIª; gira la testa verso l'esterno.

Spostandoti *en face* sali sulla mezza punta, mantieni il piede davanti *sur le cou-de-pied* e chiudi le braccia in Iª posizione.

Sposta ora il tuo peso sull'altra gamba e porta sempre il piede davanti *sur le cou-de-pied*; mantieni le braccia in Iª, la schiena dritta e lo sguardo *en face*.

Scendi sempre in *épaulement croisé* e fai un *demi-plié* portando la gamba opposta a quella iniziale *sur le cou-de-pied derrière*; mantieni un braccio in Iª e l'altro in IIª, gira la testa verso l'esterno.

Piccoli Salti

I salti sono una parte importante e divertente della lezione. Questa parte della lezione viene definita *allegro*, che nella terminologia musicale significa "vivace" e "brillante".

I salti si suddividono in piccoli, medi e grandi: quelli piccoli servono da preparazione

TEMPS SAUTÉ IN Iª EN FACE

Fai un *demi-plié* in Iª; le braccia sono in posizione preparatoria cioè in *bras bas*.
Esegui ora un piccolo salto sollevandoti da terra e stendi con energia le punte dei piedi e le ginocchia; mantieni il busto eretto, stringi i glutei e ruota le gambe *en dehors*.
Ritorna sempre in Iª e fai un *demi-plié* molto profondo.
Fai attenzione ai talloni che devono essere bene appoggiati per terra.

CHANGEMENT

Inizia con i piedi in Vª e le braccia in *bras bas*. Piega le ginocchia in *demi pliè* per prepararti al salto, senza far cadere le caviglie in avanti. Spingi con forza e mentre salti apri leggermente le gambe e inverti la loro posizione. Termina in Vª posizione e fai un *demi-plié* appoggiando bene i talloni a terra per ammortizzare il ritorno. Stendi bene le gambe, mantieni le braccia in *bras bas* con le spalle ben abbassate e il busto eretto.

ai medi e ai grandi. Un buon "*ballon*", ovvero una buona elevazione, si ottiene con le regole di un *demi-plié* profondo ed elastico, il corretto uso della forza delle dita dei piedi come spinta, il controllo dell'*en dehors* e del busto in posizione eretta e l'uso delle braccia in perfetta coordinazione, per dare leggerezza.

È bene cominciare con un *petit allegro*, in seguito imparerai a saltare anche più in alto, cioè a eseguire un *grand allegro*.

ECHAPPÉ

Le gambe partono da una posizione, si aprono nella successiva per tornare a chiudersi in quella di partenza in posizione invertita. Fai un *demi-pliè* in Vª, esegui un salto portando le braccia in Iª, stendi i piedi e le gambe mantenendo la stessa gamba davanti. Atterra aprendo le gambe e le braccia in IIª. Salta nuovamente mantenendo le gambe aperte e le braccia in IIª. Termina il salto in Vª con l'altra gamba davanti e le braccia in *bras bas*.

PAS DE CHAT

Inizia in Vª posizione. Gira la testa di lato nella direzione in cui eseguirai l'esercizio, con un braccio in Iª e l'altro in IIª. Con un profondo *demi-pliè* solleva e porta il piede dietro all'altezza del polpaccio. Salta e fai con le due gambe un *retiré*: mentre sei in aria riunisci le punte tese dei piedi. Atterra su una sola gamba in *demi-plié* mentre l'altra scivola dall'altezza del ginocchio in Vª, cioè nella posizione di partenza.

Grandi Salti

Vengono definiti così tutti quei salti che necessitano di maggiore elevazione e implicano grandi spostamenti nello spazio. Questi salti devono essere eseguiti cercando di non far apparire lo sforzo perciò occorre essere ben riscaldati e avere uno spazio sufficiente per il movimento.

Grand jeté en avant con la gamba dietro piegata in *attitude croisée*.

Grand jeté en croisée. In questo grande salto puoi notare come il ballerino sembri quasi volare.

Questo salto si chiama *temp de poisson*: è uno dei salti tipici delle variazioni maschili; puoi vederlo eseguito nel balletto *La Bella Addormentata* e nel passo a due *L'Uccello Azzurro*.

In questo salto puoi notare come la parte superiore del corpo deve essere ben sostenuta: il corpo del ballerino sembra sospeso in aria.

Le braccia si possono tenere in diverse posizioni: non devono essere rigide e non si devono agitare ma avere grande eleganza. Esse sono molto importanti e utili per sostenere correttamente il tronco e la schiena e per far apparire il corpo leggero.

Lo stacco e il ritorno a terra devono essere eseguiti bene per evitare lesioni alle ossa e alle articolazioni.

Uno dei salti più belli è il *grand jeté ouvert*.

Potrai notare come le gambe possono formare una linea e aprirsi in *grand écart*, una favolosa spaccata: nell'immagine è eseguita spettacolarmente in volo.

Le punte

Le "prime" ballerine che danzavano sulle punte sembravano creature soprannaturali, fragili e leggere, dando quasi l'impressione che si sollevassero da terra. Indossare le scarpette da punta è il sogno di tutte le bambine che vogliono diventare ballerine. Ricordati però che lo studio con le punte deve iniziare intorno agli undici anni; non devi ballare sulle punte fino a quando i tuoi piedi e le gambe non saranno abbastanza forti;

Come indossare le punte

Infila la scarpetta nel piede.

Fai aderire bene la scarpetta al piede.

Appoggia il piede per terra e prendi in mano i nastri.

Fai passare il nastro interno sopra il piede, giralo dietro la caviglia e riportalo davanti.

Mantieni l'altro nastro.

Ora fai passare il nastro esterno sopra il piede, giralo dietro la caviglia e riportalo davanti.

Porta le due estremità dei nastri sul lato interno della caviglia e fissali con un doppio nodo.

Nascondi bene le estremità sotto i nastri stessi.

Muovi il piede e controlla i nastri: non devono essere legati troppo stretti.

devi prima aver raggiunto la giusta preparazione tecnica e aver sviluppato una struttura muscolare e ossea necessaria per questo tipo di esercizio.

È molto dannoso andare sulle punte dei piedi in età prematura poiché l'apparato osteo-articolare è ancora in fase di sviluppo e si andrebbero a sollecitare in modo negativo tutte le parti in accrescimento, con conseguenti danni alla colonna vertebrale e agli arti inferiori.

Uno dei primi passi che si impara quando si calzano le punte è il *pas couru*, consistente in quei tipici passettini uno appresso all'altro che vengono spesso eseguiti nel balletto *Il Lago dei Cigni*.

Ecco alcuni esercizi e pose alla sbarra da fare con le punte. Quando indosserai le punte inizierai a eseguire dei semplici esercizi di fronte alla sbarra per acquistare forza e stabilità; in seguito, una volta ottenuta una buona stabilità, potrai cominciare a provare alcune pose che richiedono più equilibrio.

Relevé *sulle punte in quarta posizione: la gamba è sulla sbarra.*

Grand-plié *in II*ª *sulle punte con due mani alla sbarra.*

Relevé *sulle punte in* arabesque *con una mano alla sbarra.*

Relevé *sulle punte in* attitude *con una mano alla sbarra.*

Anatomia

Quando danziamo il nostro corpo è soggetto a molte sollecitazioni, sempre più intense, e a sforzi continui ed estenuanti. Gli esercizi, se mal eseguiti, possono provocare traumi o patologie da stress. Per questo è importante conoscere il nostro apparato muscolare e scheletrico e usare i termini corretti per fare riferimento a tutte le parti del nostro corpo.

I muscoli

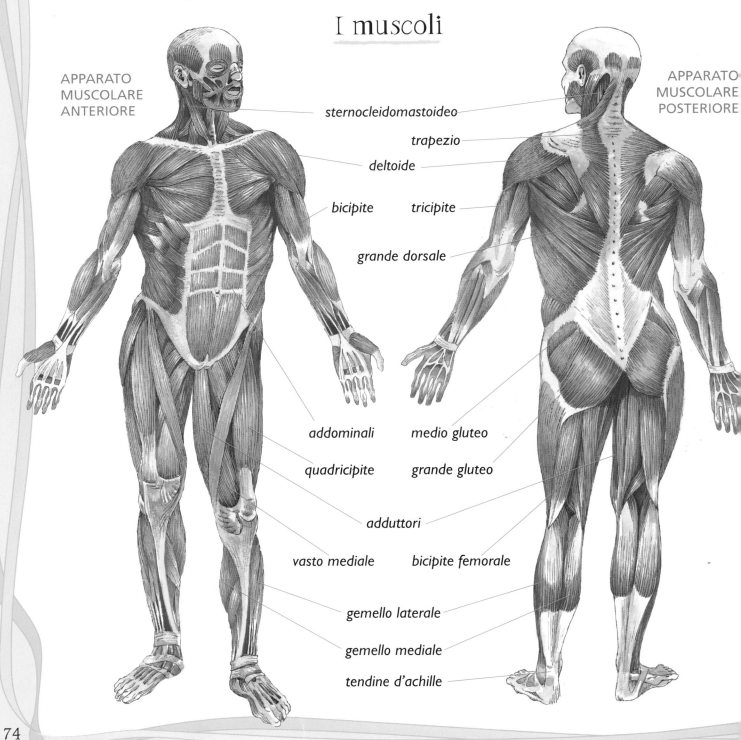

APPARATO MUSCOLARE ANTERIORE

APPARATO MUSCOLARE POSTERIORE

sternocleidomastoideo

trapezio

deltoide

bicipite

tricipite

grande dorsale

addominali

medio gluteo

quadricipite

grande gluteo

adduttori

vasto mediale

bicipite femorale

gemello laterale

gemello mediale

tendine d'achille

Nella pagina a fianco abbiamo visto la giusta nomenclatura dei principali muscoli del nostro corpo. Qui sotto invece puoi vedere la descrizione del nostro apparato scheletrico che fa da supporto alla muscolatura.

Lo scheletro

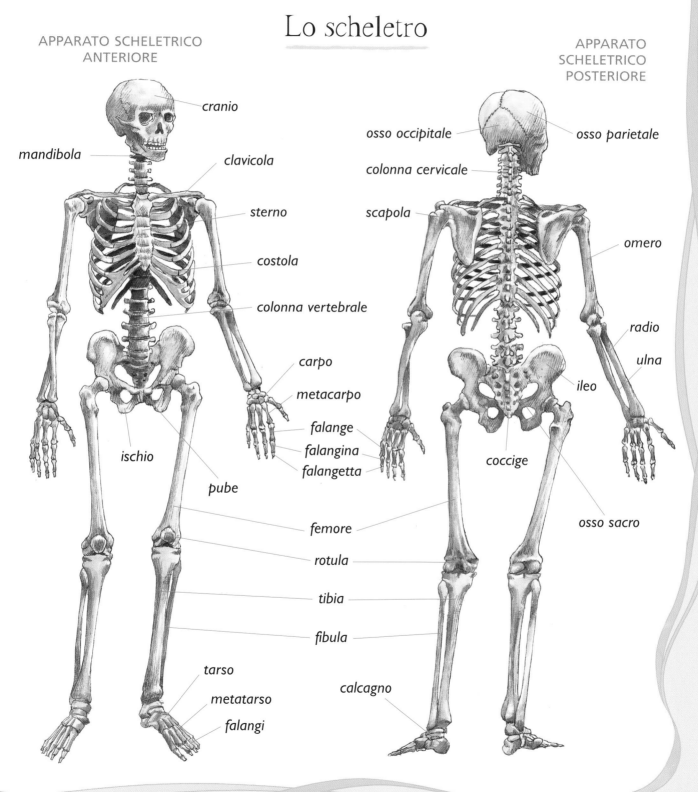

APPARATO SCHELETRICO
ANTERIORE

APPARATO
SCHELETRICO
POSTERIORE

cranio

mandibola

clavicola

sterno

costola

colonna vertebrale

carpo

metacarpo

falange

falangina

falangetta

ischio

pube

femore

rotula

tibia

fibula

tarso

metatarso

falangi

osso occipitale

osso parietale

colonna cervicale

scapola

omero

radio

ulna

ileo

coccige

osso sacro

calcagno

Patologie della danza e parti funzionali del corpo

L'equilibrio dei muscoli del nostro corpo è dato da un atteggiamento posturale corretto, il che significa che bisogna tenere sotto controllo la forza muscolare: devi quindi far lavorare i tuoi muscoli in maniera corretta e simmetrica affinché il loro potenziamento risulti equilibrato.

Un movimento errato, se protratto nel tempo, può provocare delle gravi lesioni. Un continuo sforzo può causarti addirittura fratture da fatica o da durata (tipiche nella parte media tibiale o nel metatarso), costringerti all'assoluto riposo e talvolta può degenerare in altre patologie più complesse e difficili da curare. Se invece rispetti il tuo corpo e non lo sottoponi a eccessivo stress migliorerai le tue prestazioni ed eviterai di farti male.

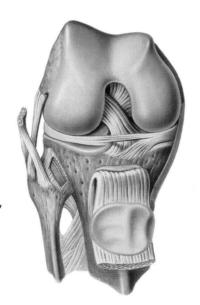
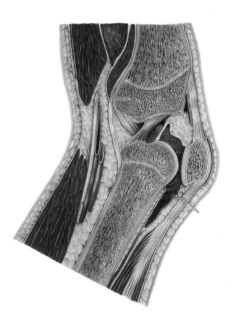

IL GINOCCHIO
Le lesioni al menisco e ai legamenti crociati sono tipiche patologie della ballerina: possono essere causate da una esecuzione scorretta del *demi-plié*, o di un salto, etc. Spesso posizioni scorrette, esecuzioni sbagliate e squilibri nello sviluppo di gruppi muscolari possono generare reazioni infiammatorie.

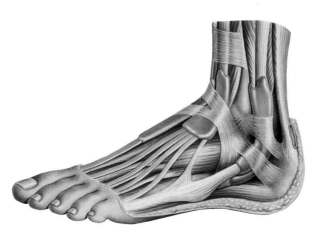

CAVIGLIA E PIEDE
Questa articolazione, suddivisa in una parte laterale e una interna, è rivestita da una capsula articolare rinforzata da numerosi legamenti. Il trauma più frequente alla caviglia è quello distorsivo, cui si aggiungono le infiammazioni al tendine di Achille e le tenosinoviti del tendine del muscolo tibiale posteriore. Alcune patologie sono spesso causate da traumi o da scarpette non idonee, nastri troppo stretti e anomalie di appoggio e di movimento del piede.

A GAMBA

e ripetute sollecitazioni
ossono generare un vero e
roprio stress a carico delle
ticolazioni, dei muscoli,
elle ossa e dei legamenti.

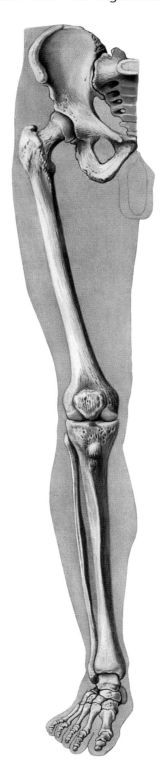

IL BACINO

L'anca (articolazione
coxo-femorale) è molto
importante per la
ballerina: essendo
l'articolazione più
grande nel corpo
permette di eseguire
i movimenti ampi e
rotatori delle gambe.
È proprio in questa
parte interna del bacino
che si determina talvolta
la limitazione dell'*en
dehors*. Questa
importante articolazione
è costituita inoltre dalla
testa femorale e dalla
cavità acetabolare.

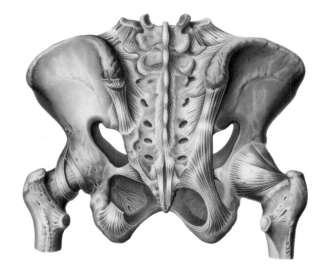

LA COLONNA VERTEBRALE

Durante lo studio
della danza si richiede
un atteggiamento
posturale eretto, ma
a livello articolare
questo non significa
forzare la struttura
naturalmente curva
della colonna
vertebrale! Il peso
del corpo deve essere
"distribuito" dalla
colonna vertebrale
nei vari arti ma non
deve mai scaricarsi
lì a prezzo di gravi
conseguenze come
scoliosi, discopatie
e lordosi.

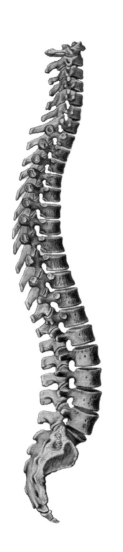

Fisiologia del movimento applicata alla danza

Quando guardi un albero vedi il tronco, i rami, le foglie, i fiori, i frutti e a volte anche le radici dalle quali trae sostegno per crescere. Anche tu, con i piedi e le gambe, il bacino, il busto e la schiena, le braccia e la testa somigli a un albero e, come l'albero, è il tuo "tronco" che ti sostiene.

ARABESQUE
Osserva bene la posa in *arabesque*: per essere eseguita correttamente richiede una forza muscolare ben distribuita e un perfetto equilibrio su una gamba mentre l'altra deve mostrarsi ben sostenuta.

CAMBRÉ
Il *cambré* è una flessione del busto che, se eseguita in modo scorretto, può causare seri problemi ai dischi intervertebrali.

Nelle pagine precedenti abbiamo fatto un viaggio alla scoperta del corpo per conoscerlo meglio. Hai conosciuto le caratteristiche dello scheletro, di questo sistema solido e flessibile che fa da supporto all'apparato muscolare e protegge gli organi interni. Lo scheletro sostiene il movimento e ne determina l'ampiezza e la direzione. Osservando bene alcune illustrazioni capirai che:

– le articolazioni sono dei punti chiave per il movimento, uniscono le ossa dello scheletro e formano degli incroci;

– i muscoli muovono lo scheletro, si contraggono e si rilassano cambiando forma e consistenza a seguito di ordini inviati dal cervello. La loro forma naturale esterna può essere modificata sia da un regolare esercizio fisico che dal tipo stesso di esercizio.

Ma le capacità motorie di una ballerina non sono separate dalle sensazioni, dalle emozioni e dai pensieri: la danza è una forma di espressione artistica che ha bisogno di strumenti quali la tecnica e la conoscenza del corpo ma si nutre anche della sensibilità e della personalità di chi balla.

GAMBA ALLA SBARRA
Questo è uno dei più frequenti esercizi che si eseguono appoggiando una gamba alla sbarra. Molto utile per allungare la muscolatura e come esercitazione per eseguire la *grand écartée*, la cosiddetta e tanto sognata "spaccata".
Attenzione però ad allungare bene la colonna vertebrale durante l'esecuzione di questo esercizio.

CAP. 3

GLI STILI di DANZA

Per stili di danza
dovremmo intendere
le tecniche codificate
insegnate nelle scuole e nelle
accademie di danza, ma in verità
la storia ci insegna che la danza come
strumento espressivo è sempre stata rivitalizzata da tendenze e commistioni
di generi (tradizionali e multietnici) che ne hanno impedito la decadenza.
Nella pratica attuale sarebbe perciò limitante includere tra gli stili solo
la danza classica, moderna e contemporanea.
Penso che qualsiasi tipo di danza, praticato con passione e consapevolezza
tecnica, abbia una sua dignità e che chi studia con impegno, sacrificio
e perseveranza meriti sempre rispetto.
È anche vero che ogni stile ha delle problematiche e un "piano" di studi
diverso: se la danza accademica richiede la concentrazione totale sulla
perfezione dei movimenti, nel musical è necessario lo studio
interdisciplinare di recitazione, dizione e canto; se per la street dance
ci vuole una grande preparazione atletica e acrobatica e dispiego
di energie creative individuali, la danza africana richiede la rilassatezza
della mente e la propensione dei danzatori a partecipare a un rito
liberatorio collettivo...

Il Classico

La danza è un'arte che suscita immense emozioni e considero la danza classica la madre di tutti gli stili.

Il balletto è un'arte che racchiude in sé bellezza, espressività e drammaticità: l'artista, interpretando i vari ruoli, riesce a vivere una miriade di emozioni e il pubblico, attraverso le rappresentazioni di danza, può riceverle e sentirle dento di sé.

A differenza degli altri stili, il linguaggio utilizzato nella danza accademica è molto vario e complesso perché ricco di terminologia tecnica, di esercizi codificati e si rifà a diverse metodologie di studio.

Lo studio - Studiare la danza classica non è cosa facile: è molto importante capire il lavoro fisico che questa arte richiede, essere consapevoli del sacrificio che comporta e, nonostante tutte le difficoltà, bisogna subito amarla.

La formazione di un artista classico è così complessa da rendere necessaria la "trasformazione" del corpo in funzione della perfezione tecnica e ogni artista è sicuramente unico per formazione, personalità, carisma e sensibilità. È necessario trovare l'equilibrio ideale tra le potenzialità del proprio corpo e quelle della propria anima, che è in continua evoluzione, alla ricerca di forme di espressione sempre nuove.

Se il movimento è una normale caratteristica del corpo umano, chi danza deve riuscire a renderlo emozionante e pieno di significato, in modo da comunicare al pubblico l'emozione che vuole rappresentare.

Nella pagina a sinistra: l'étoile Lucia Lacarra in scena.
In questa pagina, in alto: Monique Loudières, danseuse étoile a l'Opéra national de Paris; in basso: Polina Semionova,
Principal Dancer *dell'American Ballet Theatre.*

81

Ballerina&diva - Spesso nelle grandi compagnie di balletto ci sono ballerine che hanno quasi la stessa abilità tecnica della prima ballerina: la differenza tra loro non sta solo nelle capacità esecutive ma in qualcosa che risiede "dentro", perché è la spiritualità la qualità che trasforma l'artista in una vera e propria "diva".

L'*étoile* ("stella") è il titolo più alto nella gerarchia di un corpo di ballo e viene conferito dal direttore di un teatro a una prima ballerina o a un primo ballerino di una compagnia di balletto classico per indicare il loro livello professionale superiore. Questo termine è stato coniato all'Opéra di Parigi.

Se vuoi fare della danza la tua professione dovrai lavorare sodo e affrontare anche una profonda "ricerca interiore": dovrai insomma trovare dentro di te la "tua espressività" e il "tuo" modo di proporti al pubblico.

Trasmettere emozioni non è cosa facile: sul palcoscenico il ballerino è come se fosse un attore muto che usa il proprio corpo per raccontare e rappresentare.

In alto: un corpo di ballo nel balletto Il Lago dei Cigni. *A fianco: Agnes Letestu e Jean-Guillaume Bart nel balletto* Apollon Musagète.

Ballare "in compagnia" - L'obiettivo principale di ogni aspirante ballerino, si sa, è quello di entrare a far parte di una compagnia di balletto classico.

Una volta perfezionata la formazione in una scuola di danza, dovrai affrontare le selezioni che i teatri bandiscono per la scelta di ballerini e ballerine, di fila o solisti.

All'interno di una compagnia di danza oltre ai ballerini lavorano tantissime persone, ognuna delle quali con delle mansioni diverse. La compagnia è come una grande famiglia, in cui tutti si adoperano per la realizzazione dello spettacolo.

Per i ballerini lavorare in una compagnia significa "vivere" sempre insieme e tenersi in quotidiano allenamento: si inizia con la lezione del mattino e si continua con le prove – infinite! – dei balletti da mettere in scena.

Le rappresentazioni devono a questo allenamento costante la loro "perfezione" e, credimi, è proprio gratificante danzare davanti a un pubblico competente, capace di apprezzarti e giudicarti in modo critico. Sottoporsi al giudizio del pubblico è stimolante e aiuta a migliorare: gli applausi di per sé non servono a capire se si sta danzando bene.

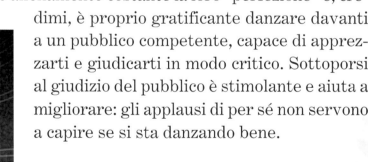

Ruoli e gerarchie - In ogni compagnia esiste una precisa gerarchia fra i ballerini. Questa per esempio è quella del Teatro de l'Opéra di Parigi: le *étoiles* sono al vertice della piramide, seguono i primi ballerini, i *sujets* (Solisti), i *coryphées* (i giovani ballerini solisti), i *quadrilles* (Corpo di ballo) e infine gli *stagiares* (coloro che fanno una sorta di esperienza artistica teatrale).

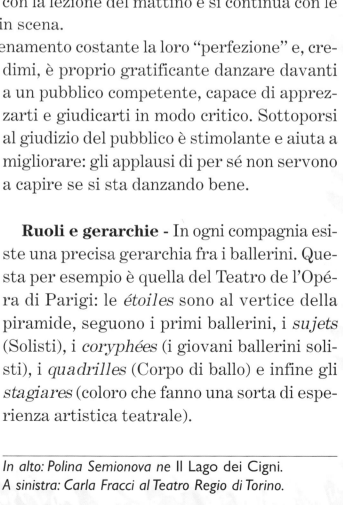

In alto: Polina Semionova ne Il Lago dei Cigni.
A sinistra: Carla Fracci al Teatro Regio di Torino.

L'allestimento dello spettacolo - Quando si allestisce uno spettacolo di danza classica il momento centrale è senza dubbio la creazione della coreografia. È il direttore della compagnia che decide di fare un nuovo balletto e sceglie e incarica il coreografo di idearne i passi.

Il coreografo è la persona responsabile della creazione, della composizione di nuove combinazioni di passi ma anche della "rivisitazione" dei balletti di "repertorio" (si chiamano così quei balletti che si sono tramandati nei secoli e che conservano ancora gran parte della coreografia originale).

Il cartellone - Una volta creata la coreografia per lo spettacolo, il direttore organizza il debutto concordando la data e lo spazio teatrale della "prima": così il balletto entra "in cartellone". Con questa parola si indica l'insieme degli spettacoli e delle rappresentazioni che ogni teatro propone: è il programma dettagliato di una stagione teatrale di prosa, di danza o concertistica. Come vedrai più avanti a volte il "cartellone" di un teatro può ospitare anche per diversi anni lo stesso spettacolo: è il segno di un gandissimo successo!

In alto: la prima ballerina Karine Seneca. Qui sotto: Vladimir Derevianko, Principal Dancer.

Il balletto neoclassico - Quando si parla di stile classico dobbiamo fare anche un discorso sul balletto neoclassico, che ne è in pratica l'evoluzione e l'espressione contemporanea. Questa tipologia di balletto consiste nella combinazione originale di un insieme di movimenti classici in una sorta di "fusione dei passi".

Fu il coreografo George Balanchine a "creare" questo stile di danza.

Fuggito dall'URSS, negli anni Trenta, Balanchine fu direttore della scuola dell'*American Ballet* e ne fondò l'omonima compagnia, divenuta la più prestigiosa degli Stati Uniti (in seguito *New York City Ballet*). Le sue coreografie raffinate sono ancora oggi tra le più amate e applaudite in tutto il mondo.

In alto: Alessandra Ferri e Federico Betti in studio.
A destra: Roberto Bolle e Polina Semionova in scena.

Danza di carattere

Il folklore... - La danza di carattere è una suddivisione particolare della classica, basata su tradizioni folkloristiche o nazionali che sono state elaborate e incluse nel balletto classico. Questa danza conserva il legame con le tradizioni della terra in cui è nata evidenziandone il "carattere" nazionale.

Le danze di carattere entrate nei balletti di "repertorio" sono spesso originarie dei paesi dell'Est europeo, come la mazurca, la polka e la danza russa, cui si aggiungono il flamenco e la danza spagnola.

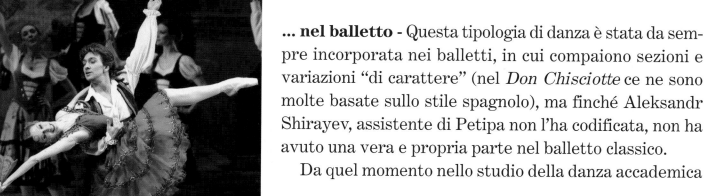

... nel balletto - Questa tipologia di danza è stata da sempre incorporata nei balletti, in cui compaiono sezioni e variazioni "di carattere" (nel *Don Chisciotte* ce ne sono molte basate sullo stile spagnolo), ma finché Aleksandr Shirayev, assistente di Petipa non l'ha codificata, non ha avuto una vera e propria parte nel balletto classico.

Da quel momento nello studio della danza accademica

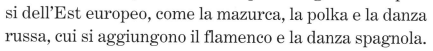

In alto: una danza di carattere. Qui a sinistra e nella pagina accanto in basso: scene dal balletto Don Chisciotte.
Nella pagina accanto, in alto: bambina con un'acconciatura "di carattere".

il "carattere" è diventato una tecnica complementare, anche se non tutte le scuole e le compagnie hanno familiarità con le tecniche e con le tradizioni di questo stile.

L'importanza del "carattere" - La danza di carattere può aiutare il ballerino a capire l'origine di certi movimenti della tecnica classica: alcuni sono la chiara evoluzione di gesti rituali della danza delle origini. In un certo senso il carattere si pone come stadio intermedio tra la sacralità imitativa della danza primitiva e l'astrattismo formale dell'accademia. È utile inoltre come esercizio per sviluppare l'espressività e l'interpretazione individuale: il danzatore non deve pensare solo a eseguire correttamente la coreografia ma deve cercare di immedesimarsi in un personaggio e lavorare nel gruppo come fosse un attore.

L'abbigliamento - La danza di carattere prevede l'uso di abiti particolari che rappresentano la nazione di provenienza e servono ad amplificare i movimenti delle gambe e delle braccia: gli arti sono in parte coperti e spesso lavorano per far fare coreografiche evoluzioni a gonne, maniche, nastri, gale e cappelli.

Le scarpe hanno un tacco medio, sono scollate e legate al piede con un elastico; a seconda del carattere della danza la forma del tacco e il tipo di suola possono variare.

Danza Moderna

La danza della contestazione - La danza moderna nasce nel XX secolo negli Stati Uniti d'America, in un momento in cui in Europa la danza classica viveva un periodo di profonda crisi. La danza moderna rifiuta le rigide regole della danza classica e si ispira alle riflessioni sul corpo e al movimento del francese François Delsarte, diventando una vera e propria corrente di ricerca di nuove forme espressive.

I pionieri di questo genere contestano la tradizione della danza sia dal punto di vista tecnico, come insieme codificato di passi, sia ideologicamente, come attività riservata a una stretta cerchia di persone.

Il corpo - Secondo questi artisti il nucleo centrale della danza è rappresentato dal ritrovamento del contatto con il proprio corpo e dalla ricerca dell'armonia del corpo nello spazio.

Nel balletto classico i ballerini usano lo spazio in modo schematico: non danzano quasi mai a terra e tutti i loro sforzi sono volti all'elevazione. Nella danza moderna invece il rapporto con il suolo viene sottolineato dai piedi nudi, dalle cadute, dall'uso globale dello spazio e delle sue direzioni.

In questo tipo di danza, inoltre, gli abiti sono sempre più informali, e i capelli sono spesso sciolti.

Isadora Duncan... - Isadora Duncan si propose al pubblico a piedi nudi e ricoperta di veli: la sua idea della danza andava contro tutto quello che "imbrigliava" e "copriva" il movimento e si indirizzava verso tutto quello che invece serviva a sottolineare il movimento del corpo, restituendo così il ballo a una dimensione di ritmica corporea nello spazio.

Ma la sua estrema individualità non creò una vera e propria tecnica o un vero e proprio metodo di danza e le scuole che fondò in Europa furono destinate al fallimento. Il suo modo di danzare era troppo spontaneo e personale per essere riproducibile.

... e i suoi principi - Isadora Duncan aveva però enunciato alcuni principi fondamentali per la futura *modern dance* che sono: l'osservazione della natura, l'importanza del ritmo, la liberazione del corpo, il ruolo della respirazione e la necessità di ascoltare il proprio impulso interiore – vedeva la danza come espressione profonda di sé – e una volta lanciata l'idea, qualcuno la raccolse!

Nella pagina a fianco, in alto e a sinistra: ballerini della compagnia di Alvin Ayle.

In alto: Ted Shawn e Ruth St. Denis. Qui sopra: Merce Cunningham. A sinistra: Isadora Duncan. A destra: Marta Graham nel 1950.

La "madre" - È però Marta Graham la geniale iniziatrice di un nuovo periodo nella storia della danza e il termine *modern dance* fu coniato proprio per lei nel 1926.

Per la Graham la comunicazione non consiste nel raccontare una storia ma nel trasmetterne l'esperienza attraverso l'azione: per dar voce a questo tipo di espressività crea una tecnica nuova con l'intento di riportare la danza alla sua essenza.

I punti chiave della sua teoria sono: la respirazione, primo segno di vita dell'essere umano e punto di partenza di un nuovo metodo e base per gli esercizi da eseguire a terra, in piedi e nello spazio; il rapporto costante con la terra; il coinvolgimento e l'espressività di ogni parte del corpo; i movimenti forti; la forma della spirale, che parte dal centro del corpo e imprime la torsione a tutta la colonna vertebrale.

Il metodo Cunningham - Merce Cunningham propone a sua volta un metodo che attinge sia alla tecnica classica che alla moderna e la sua ricerca ha come oggetto il gesto quotidiano. Il corpo del danzatore diventa uno strumento puro di espressione corporea: per Cunningham la danza è un modo di vivere, è la sapienza del movimento nello spazio e perciò deve creare anche situazioni inattese (evoluzioni, entrate e uscite nello spazio determinato del ballerino).

Modern jazz - Quando si parla di *modern jazz* si intende il genere derivato dalla fusione tra classico, contemporaneo, *modern* e nuovi elementi culturali (tradizione africana e tradizione popolare occidentale), che lavora sull'"isolamento", ossia sul tentativo di rendere i movimenti di ogni parte del corpo indipendenti da tutto il resto.

L'influenza degli stili fa sì che questa danza sia in continua evoluzione verso forme libere di interpretazione, ora più forti e d'impatto ("jazz"), ora romantiche, emozionali e passionali ("lyrical").

In alto: il ballerino e coreografo texano Alvin Ailey, in un ritratto del 1979. A destra: Danna Hash, ballerina della compagnia di Alvin Ailey.

90

Tra i maggiori esponenti di questo stile c'è il famoso coreografo texano Alvin Ailey, che nel 1969 fondò una scuola e una compagnia che portano ancora il suo nome.

Le sue creazioni, lasciate in eredità alla sua compagnia, sono considerate come balletti di repertorio *sui generis*, nei quali spesso Ailey racconta la condizione sociale del suo popolo.

Il teatro-danza di Nicolais - Alwin Nicolais il creatore del teatro-danza, restituisce alla danza la sua componente "magica": a lui non interessa la danza psicologica ed emotiva, ma la danza dai movimenti puri.

Allo scopo Nicolais introduce l'uso della maschera per coprire il volto, i costumi a sacco per celare il corpo e un sapiente gioco di luci per animare le forme: questi elementi servono a rappresentare il mondo grottesco, comico, ironico e tenero in cui viviamo.

La sua compagnia ha ospitato Carolyn Carlson, a sua volta grande interprete della danza contemporanea.

In alto: ballerini della compagnia di Alvin Ailey in Carmina Burana.
A destra: ballerina nel Bolero *di Ravel coreografato da Maurice Béjart.*

Danza contemporanea

Una danza in evoluzione - Quando si parla di danza contemporanea dobbiamo subito entrare nell'ottica dell'evoluzione del movimento. Le sue radici affondano sicuramente nel balletto classico, ma bisogna tener presenti anche le influenze derivate dagli stili della *modern dance*.

La danza contemporanea sperimenta, ricerca e trasmette attraverso il movimento tutto quello che va oltre le pure forme e le tecniche tradizionali del balletto classico accademico, non rispettandone i canoni.

La danza contemporanea è quindi un'avanguardia culturale ed è seguita soprattutto da quei ballerini che, non avendo una vocazione "classica", sono alla ricerca di altri spazi in cui potersi esprimere e dai coreografi che arricchiscono sempre più i loro campi di sperimentazione e di creazione.

Il suo linguaggio - La danza contemporanea si basa su alcuni concetti universali come lo spazio, il tempo, le linee, le curve e la sua nuova lingua si esprime attraverso i segnali del corpo. Attraverso il corpo si cerca di dare voce alle emozioni e ai sentimenti più vicini al tempo in cui viviamo: gesti, movimenti, figure e intrecci disegnano nello

92

spazio un alternarsi di incertezze e di paure che fanno parte del nostro quotidiano. Per questo tipo di danza il coreografo si dedica a una ricerca soprattutto interiore: il risultato è quello di una danza molto "intellettuale" ed è necessario quindi che gli artisti l'abbiano acquisita interiormente.

I legami con il classico - Sono tante le compagnie che si dedicano alla danza contemporanea, ma per un ballerino che voglia dedicarsi a questa tecnica è assolutamente necessario passare dallo studio del gerere classico: soltanto con le basi date dalla danza classica è possibile spaziare tra i vari generi per capire quale sia quello più vicino alle nostre possibilità e alla nostra indole.

Molte compagnie – pensa – hanno una programmazione mista e il loro cartellone annuale propone rappresentazioni moderne-contemporanee accanto ai balletti di repertorio classico, che a volte vengono "rielaborati" in versione contemporanea.

La continua evoluzione, la creatività, l'originalità e la vitalità della danza dei nostri giorni sono i segni positivi che questa arte meravigliosa continua a dare e che perciò non avrà mai fine.

Nella pagina a fianco: Laurel Keen del Lines Contemporary Ballet *di New York.*
In questa pagina, in alto: due ballerine in una coreografia di contemporaneo e Monique Loudières (a piedi nudi). Qui a fianco: André de la Roche (davanti) e Hektor Budla.

Il Musical

Il termine inglese *musical* è l'abbreviazione della definizione
"musical comedy" ossia "commedia musicale". Veniva usato per
indicare quel genere di spettacolo che unisce musica e canto, nato
nei teatri e per i teatri. In seguito, avendo trovato espressione anche nel cinema, è
stato usato per indicare anche i film che si basano sul canto e sulla danza.

Il *musical* è nato a Broadway tra la fine dell'Ottocento e i primi anni
del Novecento, caratterizzandosi per la ricchezza delle scenografie e dei
costumi e per la complessità della messa in scena.

Di cosa "parla"? - Il *musical* deriva dall'Operetta, genere teatrale
nato in Europa (Austria, Francia e Inghilterra) nella seconda metà del-
l'Ottocento, in cui, sulla base di soggetti leggeri, spesso attuali, comici
e ironici, si combinavano scene ballate, parti recitate e parti cantate.

Generalmente anche il *musical* tratta argomenti attuali ed è per lo
più caratterizzato da toni vivaci e umoristici, senza escludere del tut-

In alto: la "fila" di A Chorus Line *e la locandina di* Cats.
A fianco: una scena dal film Jesus Christ Superstar.

Qui a fianco:
John Travolta in La Febbre
del Sabato Sera *e* Catherine
Zeta-Jones *in* Chicago.
Qui sotto: la locandina di Fame.

to tematiche drammatiche e tragiche. Quanto all'accompagnamento musicale, i pezzi e le canzoni del *musical* sono di vario genere: dalla musica leggera, al jazz, alla lirica, ma spesso canzoni e brani musicali sono creati appositamente.

I più famosi - Non è possibile fare un elenco di tutti i *musicals* andati in scena nel secolo passato, ma fra questi possiamo ricordarne qualcuno come *Un americano a Parigi, Cats, Jesus Christ Superstar, A Chorus Line, Rent* (da alcuni dei quali è stata tratta anche una versione cinematografica). Pensa che alcuni spettacoli americani vantano più di diecimila repliche, come *The Fantasticks*, andato in scena per la prima volta nel 1960 e replicato da allora ben 14.934 volte!

Recentemente un *musical* europeo di grande successo è stato *Notre Dame de Paris*, su musiche di Riccardo Cocciante: tradotto in varie lingue, è stato visto da milioni di spettatori di molti paesi.

Se in passato dai *musicals* famosi venivano tratti film, oggi invece è frequente che il *musical* teatrale sia tratto da un film di successo. Ricordiamo per esempio *Staying Alive, La Febbre del Sabato sera, Footloose, Flashdance, Fame, Moulin Rouge, Il Re Leone*, alcuni dei quali probabilmente avrai visto anche tu.

Sopra: la locandina di Footloose.

A sinistra: una scena
da Staying Alive.

95

Danza orientale e africana

Una danza antica... - La Danza orientale (o della Felicità, *Raqs Sharqi*) ha origini antichissime: era la danza rituale della fertilità in onore della Dea Madre praticata nelle antiche società matriarcali della Mesopotamia. È stata tramandata e reinventata nei secoli fino a diventare patrimonio etnico delle popolazioni del Sud del Mediterraneo.

Nei primi del Novecento, le danzatrici *ghawazy* ("gitane") iniziarono a esibirsi in sale e cabaret europei: la danza orientale cambiò così modo di esprimersi e perse il suo significato originario per diventare "semplice" intrattenimento.

... e le sue contaminazioni - Nacque così lo stile *Sharqi* che univa la danza tradizionale egiziana alle varie danze occidentali e furono proprio gli europei a dargli il nome di "danza del ventre". Con il successo di questa danza di seduzione (*Sharqi*) le forme tradizionali *Shabi-Folk* (o delle campagne) e *Baladi* (o danza popolare urbana) furono sempre più emarginate.

Nello *Sharqi* lo stile si fa più tecnico, concentra i movimenti sulla schiena e sui fianchi, consentendo il sollevamento acrobatico dei talloni da terra per le evoluzioni nello spazio, e accentua l'espressione morbida delle braccia.

La *Raqs Sharqi* invece, con i suoi movimenti dolci e gioiosi coinvolge tutto il corpo favorendo l'equilibrio psico-fisico. La danzatrice è radicata al suolo attraverso i piedi e centrata nel bacino, il resto del corpo è stabile e rilassato. I movimenti dei fianchi e delle spalle sono isolati e ritmici mentre quelli del busto, delle braccia e dei fianchi sono fluidi; le gambe, le articolazioni delle ginocchia e delle caviglie sono il motore dei movimenti. A differenza della danza del ventre la *Raqs Sharqi* richiede i piedi nudi e un abito che copra il corpo.

La danza "della terra" - La Danza africana ha la stessa origine rituale di quella orientale. Arriva in Europa negli anni Settanta grazie alla migrazione di artisti africani diversi per provenienza e cultura.

Quella che troviamo nelle nostre scuole è una forma espressiva che ha cercato di fondere i concetti dello stile tradizionale africano (la vibrazione; l'ondulazione che parte dal bacino e attraverso la colonna vertebrale raggiunge la nuca, le braccia e le mani; il ritmo dei piedi; l'uso della voce) in una nuova forma multietnica, che cerca il piacere nel movimento del corpo al ritmo della musica e che si pratica in compagnia.

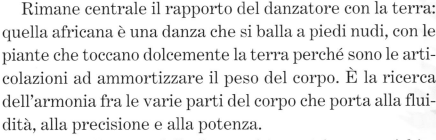

Rimane centrale il rapporto del danzatore con la terra: quella africana è una danza che si balla a piedi nudi, con le piante che toccano dolcemente la terra perché sono le articolazioni ad ammortizzare il peso del corpo. È la ricerca dell'armonia fra le varie parti del corpo che porta alla fluidità, alla precisione e alla potenza.

L'apprendimento della danza africana è intenso, richiede perseveranza, concentrazione, socialità e la capacità di resistere alla fatica.

Nella pagina a fianco: gruppo di ballerine di danza del ventre nel 1979. In alto: danza egiziana. A destra: una giovane ballerina di danza del ventre. Qui a sinistra: danza africana.

Street Dance

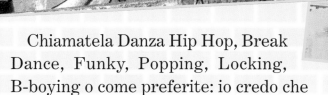

Chiamatela Danza Hip Hop, Break Dance, Funky, Popping, Locking, B-boying o come preferite: io credo che *Street Dance* sia la sua denominazione più corretta.

Street Dance sta al di sopra delle definizioni di genere, è indipendente dai vari stili che si sono sviluppati al suo interno e indica la sua origine in quel più ampio fenomeno culturale che fonde danza, musica (hip hop/rap), moda (oversize), arte murale (writing-graffiti).

In questa pagina: ballerini di break dance in alcune performance per strada. Nella pagina a fianco: un gruppo e due ballerine di hip hop.

È bello pensare che le lotte cruente dei bassifondi di New York siano state in parte rimpiazzate a partire dagli anni Settanta da gare a "imbrattare i muri" e da combattimenti di danza. La creatività tenta di sostituirsi alla forza fisica e alla violenza nel regolare i conti, nel guadagnare il rispetto degli avversari, nel conquistare le ragazze.

Strada o palestra? - È giusto chiedersi se ha senso insegnare e praticare questa danza fuori dalla sua terra di origine (gli Stati Uniti) e al chiuso nelle palestre: una volta che un passo si codifica, si insegna o si impara, l'innovazione diventa accademia; l'esibizione, persa l'ambientazione all'aperto e la

forma del duello (del "ring" ossia il cerchio disegnato sull'asfalto, all'interno del quale lo *street dancer* si esibisce di fronte ai rivali e al "pubblico"), diventa coreografia, solistica o collettiva.

Uno stile individuale - Quello che si può imparare in palestra è tuttavia il meglio di quanto gli *street dancers* hanno inventato nel tempo, un concentrato e un condensato dei loro diversi stili, una sorta di *basic style* che si avvicina a questo o a quell'orientamento: su questa base di "conoscenze" lo *street dancer* dovrà farsi un suo proprio stile per esprimersi, perché è questo che fa la differenza, non le sole abilità atletiche.

Il **Breaking** nasce nei ghetti di New York agli inizi degli anni '70 in concomitanza con la musica funky: consiste in movimenti spezzati e vere e proprie acrobazie tra cui campeggia il *Six step*, movimento a terra di braccia e gambe con ribaltamento del corpo, spesso abbinato al *Windmill*, roteamento delle gambe per aria. Il Popping e il Locking nacquero invece a Los Angeles. Il **Locking** ("blocco") è uno stile basato sull'isolamento del movimento mentre il **Popping** ("schiocco") punta su freneticità e velocità. Tra i passi più noti del Popping, il *Backsliding* (reso celebre da Michael Jackson come *Moonwalking*) e lo *Waving*, consistente nel far muovere il corpo come se fosse percorso da un'onda. Tra i movimenti più noti del Locking, lo *Scooby Doo walking*, andatura con arresto delle ginocchia e piegatura esterna a ogni passo, il *Wrist Twirl*, scioltissimo movimento delle mani e dei polsi.

INTORNO alla DANZA

La danza è disciplina, impegno e sacrificio ma è anche gioia.

L'impegno è fondamentale per chi segue quest'arte, perché senza l'impegno non si raggiunge nessun risultato.

Il sacrificio è implicito al percorso del danzatore professionista, che deve sacrificare alla danza un po' della propria vita: il divertimento, il tempo per gli amici, a volte le proprie abitudini e la vita familiare. Questo non solo per il tempo dedicato allo studio, ma anche perché spesso i provini avvengono in altre città, e perché c'è la possibilità di essere ammessi a scuole lontane. Capisci allora che ci vuole una motivazione e una passione veramente forti!

Quanto alla gioia, ogni ballerino deve saperla trovare dentro di sé e mantenerla viva nel corso del tempo: può nascere da un piccolo progresso, da una coreografia che si riesce a far propria e in cui ci esprimiamo, e dall'emozione di andare in scena.

Se riesci a coltivare e a custodire la gioia che hai dentro, sarai anche capace di trasmetterla al tuo pubblico insieme a tutte le emozioni che la danza riesce a liberare. Non dimenticarlo mai.

Rosella Hightower da sola e (in alto) con Rudolf Nureyev nel 1962

Rudolf Nureyev

Le professioni della danza

La passione gioiosa è alla base delle professioni che ruotano attorno alla danza e mi piace pensare che si possa danzare anche tutta una vita continuando a provare quella gioia.

Non scoraggiarti mai e scegli con attenzione il tuo insegnante: non è soltanto colui che corregge i tuoi sbagli, ma una persona di fiducia, capace di tirar fuori la tua arte e di consigliarti. Ogni artista ha un sogno nel cuore e un insegnante deve aver cura di questo sogno, anche se non tutti riusciranno a coronarlo diventando un professionista.

In questa pagina: allievi a lezione dal maître de ballet Victor Litvinov.

Intorno a chi danza - Chi ama la danza può rimanere nell'ambiente svolgendo una delle tante attività che vi ruotano attorno, per continuare così a "vivere" il ballo e a trasmettere la propria passione.

Non solo gli insegnanti, ma anche i coreografi e i musicisti, gli organizzatori teatrali e i direttori di compagnia, gli addetti stampa e i fotografi specializzati, i costumisti e gli scenografi possono mettere la loro esperienza di danza "vissuta" al servizio dello spettacolo: lavorare insieme a loro ti aiuterà a diventare un vero professionista.

Il coreografo - Tra le professioni che danno maggior soddisfazione c'è quella del coreografo, intimamente connessa all'insegnamento e al mondo del teatro. Il coreografo è un artista compositore capace di creare un balletto sulla base di un tema, una musica (a volte concordandola con il musicista che la compone appositamente) ed elaborando i movimenti che racconteranno la storia.

La capacità del coreografo si esprime attraverso i ballerini che dovranno realizzare le sue creazioni e i grandi coreografi riescono sempre ad esaltare le caratteristiche dei ballerini per cui lavorano: la storia della danza è anche la storia di coppie celebri!

Cinema e danza

All'interno della sterminata e varia produzione cinematografica esiste un intero filone che si dedica alla musica e alla danza. Si tratta dei musicals, dei film musicali o dei veri e propri film sulla danza.

Per film sulla danza si intende quelli che ci raccontano il mondo della danza o le vicende dei ballerini, ponendo l'attenzione sull'aspetto dello studio e del sacrificio o celebrando il talento di qualcuno in particolare.

Per musical si intende quello spettacolo in cui avviene una totale fusione tra musica, canto, ballo e recitazione.

Tanto per intendersi, nel musical i personaggi non sempre parlano, come nei comuni film, ma si esprimono cantando; inoltre ballano, seguendo coreografie complicate o di gruppo, e la storia è accompagnata dalla musica in ogni momento della narrazione.

Canto e ballo sono l'essenza del racconto, come accade nel musical teatrale, mentre nel film musicale, mu-

sica, canto e ballo sono elementi "a vista", con musicisti che suonano e cantanti che usano il microfono (come in Almost Famous o The Commitments)

oppure la musica è il sottofondo di una storia che racconta qualcos'altro (come nel famosissimo La Febbre del Sabato Sera. Ti sarà capitato di vederlo, immagino...).

Esempi molto particolari di musical sono i film a cartoni animati della Disney per i quali alcuni grandi musicisti del Novecento hanno scritto pagine bellissime. Le scene di danza in questi film sono a maggior ragione apprezzabili perché a ballare sono anche gli animali, gli oggetti, le piante... Come non ricordare Fantasia, La Bella e la Bestia, Aladdin, Il Re Leone?

Un tempo i musicals nascevano nei teatri e poi diventavano una pellicola; oggi invece sono più frequenti i casi in cui i musicals, ma anche i film sulla danza, i film musicali e i film a cartoni animati, dopo il successo ottenuto sul grande schermo, vengano rielaborati per il teatro e, dopo un periodo di declino, oggi il genere sembra essere in ripresa in tutto il mondo, sia sullo schermo che in teatro.

Qui di seguito trovi alcuni film che ti invito a guardare, perché in ognuno puoi trovare qualcosa che ogni danzatore sarà in grado di apprezzare.

In fondo a ogni scheda troverai il giudizio di Roberto Baiocchi in base alla parte tecnica sulla danza:

danza 👯👯👯 OTTIMO
       👯👯 BUONO
       👯 MEDIOCRE

film ☆☆☆ OTTIMO
      ☆☆ BUONO
      ☆ MEDIOCRE

IL MAGO DI OZ (1939)

È il capostipite del musical cinematografico. Racconta la storia della giovane Dorothy (Judy Garland) trasportata nel fantastico regno di Oz da un fortissimo tornado. In questo mondo, circondata dalle figure deformate del suo quotidiano, ostacolata dalla perfida Strega dell'Ovest, ma accompagnata da tre nuovi amici (lo spaventapasseri, il leone pauroso e l'uomo di latta) cercherà il modo di tornare a casa... 🕺 ⭐

CANTANDO SOTTO LA PIOGGIA (1951)

È secondo me uno dei più bei musical che lo schermo ci abbia regalato. Racconta il passaggio del cinema dal muto al sonoro, passaggio che salvò soltanto gli attori dotati di bella voce (Gene Kelly), stritolò vecchie glorie (Jean Hagen) e fece nascere nuove stelle (Debbie Reynolds). Il travolgente vitalismo delle coreografie di Kelly si sposa a meraviglia con la spumeggiante sceneggiatura che rende omaggio all'intero mondo dello spettacolo americano.

🕺🕺 ⭐⭐⭐

WEST SIDE STORY (1961)

È la versione cinematografica di un musical di Broadway che aveva rivisitato la tragica vicenda di Giulietta e Romeo, che si svolgeva a Verona, ambientandola a New York: Maria (Natalie Wood) e Tony (Richard Beymer) si conoscono e si amano ma sono divisi dalle bande rivali a cui appartengono. Notevoli le ambientazioni in esterno che diedero un nuovo slancio al *musical* cinematografico, per non parlare della tecnica dell'intero corpo di ballo e dell'orchestrazione dei balletti di gruppo. Le musiche sono di Leonard Bernstein e le coreografie di Jerome Robbins.

🕺🕺 ⭐⭐

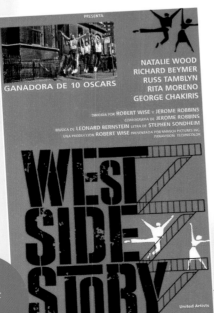

104

THE ROCKY HORROR PICTURE SHOW (1975)

Durante un temporale, due fidanzati (Susan Sarandon e Barry Bostwick) si riparano in una casa stregata il cui padrone (Tim Curry) è un alieno che li coinvolge in una serie di avventure fantastiche e porno-comiche che possono essere considerate un inno alla liberazione sessuale. Il film fece scalpore per le scene di travestitismo, tanto da dare origine anche alla versione teatrale del *musical*, che – pensa – negli USA è in cartellone da quasi trent'anni! È sicuramente il più bel *musical* rock della storia del cinema... ma per vederlo devi aspettare di aver compiuto 14 anni.

 ☆☆

GREASE (1978)

Questo lo conosci sicuramente: è un film sulla gioventù liceale americana degli anni Sessanta. Al centro c'è la storia d'amore tra la timida Sandy (Olivia Newton-John) e il bullo Danny (John Travolta). Film ricco di belle canzoni e di belle coreografie, gare di ballo e folli corse in macchina.

 ☆

HAIR (1979)

È la versione cinematografica di un *musical* che aveva debuttato a Broadway nel 1967, nato come grido di protesta contro la guerra nel Vietnam. La storia inizia dall'incontro di un bravo ragazzo di provincia, che sta per essere arruolato, con un gruppo di *hippies* del Central Park. Le loro vite diverse finiscono poi per intrecciarsi... Affascinanti le coreografie all'aperto di Twyla Tharp, in armonia con la colonna sonora del film, che si ricorda per brani famosi, come *Aquarius* e *Let the sunshine*, che probabilmente avrai ascoltato anche tu. ☆☆

FAME – SARANNO FAMOSI (1980)

Lo conosci? Il film presenta in maniera lucida e talvolta spietata l'ambiente dei futuri artisti dello spettacolo. Il regista Alan Parker segue le vicende di alcuni allievi della High School of Performing Art di New York. Nella prima parte il film ha l'andamento del documentario, mentre nella seconda parte la narrazione diventa più spettacolare, seguendo di pari passo la crescita artistica dei personaggi. Pensa che questo film è riuscito a rilanciare e ad aggiornare, negli anni Ottanta, il genere del *musical*.

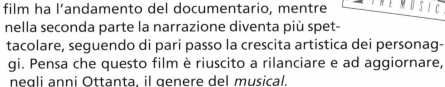

☆☆☆

A CHORUS LINE (1985)

È l'adattamento cinematografico di un *musical* che già aveva spopolato a Broadway e che ci presenta i temi dello spettacolo musicale visti dal "di dentro". La storia infatti racconta la messa in scena nei dettagli di un *musical*: a partire dalle audizioni fino alle selezioni degli artisti che faranno parte del *chorus line*, generalmente artisti che devono saper fare di tutto (ballare, cantare, recitare) e tutto a livelli piuttosto alti. Il talento e la professionalità degli attori del *musical* è riuscita a trasmettere al pubblico le aspirazioni, le speranze e le delusioni dei protagonisti. È considerato anche il trionfo della *danza jazz*.

CHICAGO (2003)

È la trasposizione sul grande schermo del famoso musical di Bob Fosse che è rimasto per decenni in cartellone a Broadway.

Il successo del film è dovuto anche al cast di attori famosi che è stato messo insieme per l'occasione: la bionda Zellweger, la bruna Zeta-Jones e il bel Richard Gere, che possiamo vedere alle prese con un bellissimo tip tap (ma tutti gli attori principali hanno eseguito le parti cantate e ballate).

Alla base del racconto troviamo la storia classica di amore-morte-sesso-successo con il fascino dell'ambientazione negli anni del proibizionismo.

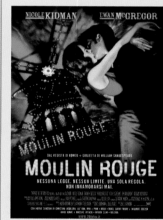

MOULIN ROUGE (2001)

I film è ambientato nella *Belle Epoque* della Parigi di fine Ottocento. Al centro del racconto troviamo la travagliata storia d'amore dei due protagonisti, la stella del Moulin Rouge, Satine e lo scrittore Christian (Nicole Kidman ed Ewan McGregor), che ci viene raccontata al ritmo della migliore musica pop degli ultimi 30 anni (da Elton John a Patti Labelle), rivisitata e reinterpretata dall'intero cast.

L'uscita del film è stata considerata la "rinascita" del *musical*, un genere che era stato un po' dimenticato.

I FILM SULLA DANZA

SCARPETTE ROSSE (1948)

È il film sulla danza per eccellenza, capostipite dell'intero filone. Ispirato alla novella di Andersen, che probabilmente conosci, racconta la storia di una ballerina (interpretata da Moira Shearer) posseduta dal demone della danza. Ancora oggi al *Museum of the Moving Image* di Londra il film è proiettato a ciclo continuo: è impressionante vedere quanti spettatori rimangono incollati davanti a quelle immagini in bianco e nero! È una buona occasione per rivedere due coreografi che hanno fatto la storia della danza: Massine e Ashton. 👯 ⭐⭐

DUE VITE, UNA SVOLTA (1977)

È la storia dell'incontro di due ex "compagne di danza". La prima (Shirley MacLaine) ha abbandonato la danza per dedicarsi alla famiglia, la seconda (Anne Bancroft) ha avuto una brillante carriera: ciascuna invidia all'altra ciò a cui ha rinunciato e dopo il dolce ricordo del passato si rinfacciano colpe e debolezze reciproche. Numerose le variazioni di balletto, da vedere e rivedere. Segna l'esordio sullo schermo di Baryshnikov, interprete, con Leslie Browne e con l'American Ballet Theatre, di alcuni balletti di repertorio. 👯 ⭐⭐⭐

BOLERO - LES UNS ET LES AUTRES (1981)

È un grande affresco storico che, nell'arco di cinquant'anni e in quattro città diverse (Mosca, Berlino, Parigi, New York), segue le storie di quattro famiglie accomunate dalla passione per la musica. Nella sua versione estesa, realizzata per la televisione, possiamo ammirare un maggior numero di *performances* e apprezzare ancora di più l'interpretazione di Jorge Donn (talentuoso ballerino della compagnia di Maurice Béjart) nel balletto ispirato al *Bolero* di Ravel. 👯 ⭐

STAYING ALIVE (1983)

È il seguito del film musicale *La Febbre del Sabato Sera* in cui il bullo di periferia Tony Manero (John Travolta) trovava nella danza uno strumento di emancipazione sociale. In questo episodio, Manero si è trasformato in ballerino semiprofessionista: forte del proprio talento naturale affronta Broadway e conquista il successo. I retroscena del *musical*: audizioni, prove, *management*. 👯 ⭐⭐

FLASHDANCE (1983)

È il film che ha segnato il primo ingresso del *breaking* (o *break dance*) nel cinema. Alex (Jennifer Beals) è una saldatrice di giorno e una ballerina in un locale notturno di notte. Nella sua vita non concede spazio ad altro oltre al lavoro e alla danza perché sogna di diventare una ballerina classica. E alla fine grazie all'amore realizzerà anche il suo desiderio più grande... L'attrice protagonista, nelle parti ballate, ha avuto diverse controfigure: una ginnasta, una ballerina di *breakdance* e pare anche un uomo per il ballo dell'audizione.

DIRTY DANCING (1987)

È un film leggero che sottolinea il potere liberatorio della danza. Ambientato negli anni Sessanta racconta la storia di una ragazzina timida e imbranata (Jennifer Grey) che durante una vacanza viene a contatto con il mondo degli adulti, ma anche con i nuovi e dirompenti impulsi della musica e del ballo. Al trionfo sociale della ragazza, guidata alla scoperta del suo talento nascosto e represso di ballerina dall'aitante Patrick Swayze, si affianca il riconoscimento finale della "danza proibita" come innocuo e salutare elemento di espressione.

IL SOLE A MEZZANOTTE (1985)

A causa di un incidente, un ballerino russo rifugiato all'estero (Baryshnikov) tocca di nuovo la terra sovietica. Il KGB, vista l'occasione di recuperare il fuggiasco, gli mette alle costole un ballerino afroamericano (Gregory Hines) rifugiatosi in URSS per sfuggire al Vietnam, per convincerlo a restare: i due uomini sono obbligati a convivere e ad addestrarsi duramente in una sala-prove del mitico teatro Kirov, spiati giorno e notte. I due cominceranno insieme a progettare la fuga...
Oltre a regalare momenti di danza straordinari (devi proprio vedere le 11 *pirouettes* di Baryshnikov e la strabiliante interpretazione di tip tap di Hines), il film è anche un documentario sul periodo della guerra fredda.

DANCERS (1987)

Presenta una trama "a specchio", in cui la storia del famoso balletto *Giselle*, che è la base per la lavorazione di un film, si riflette nella storia personale dei protagonisti. Baryshnikov, direttore di scena e regista del film, illude una giovane ballerina (Julie Kent, oggi prima ballerina dell'American Ballet Theatre) per poi abbandonarla. Il film racconta le dinamiche del "dietro le quinte" ai non addetti ai lavori (ci sono molte spiegazioni relative a passi e coreografie) mentre nel secondo tempo troviamo quasi tutto il secondo atto di *Giselle* interpretato da Baryshnikov, Alessandra Ferri (Giselle), Leslie Browne (Myrtha) e Vincent Barbee (Hilarion). 🕴🕴🕴 ⭐⭐

BILLY ELLIOT (2000)

Racconta la storia personale e artistica di un ballerino inglese che ha dovuto attraversare tutte le difficoltà dell'ambiente di provincia. Billy Elliot (Jamie Bell) dopo molti scontri con il padre, che inizialmente si oppone alla sua vocazione, viene ammesso finalmente alla Royal Ballet School. Questo film è diventato anche un musical teatrale. 🕴🕴 ⭐⭐

SAVE THE LAST DANCE (2001)

Mentre Sara (Julia Stiles) è al saggio di danza, la madre muore in un incidente. La vita della ragazza cambia improvvisamente: abbandona la propria città e la danza per raggiungere il padre a Chicago. L'impatto è duro, ma grazie a un compagno di scuola (Sean Patrick Thomas) Sara ricomincerà a vivere e a danzare e, attraverso l'hip hop, ritorna alla danza classica. L'incontro fra culture è vitale perché la commistione di generi dia nuova vita al ballo. 🕴 ⭐

THE COMPANY (2004)

Da un'idea dell'attrice Neve Campbell, che ne è anche l'interprete, il geniale regista Robert Altman trova il pretesto per raccontare le manie, le ossessioni e lo stress dei ballerini classici, spesso in bilico tra salute e malattia, fisica e mentale, spesso in competizione gli uni con gli altri.

 🕴🕴 ⭐⭐

Musiche

Il mondo della danza non si può separare da quello della musica. Fin dalla prime lezioni gli insegnanti ci invitano a seguire il tempo e a capire il carattere dei brani su cui si fanno gli esercizi: chi non sente dentro la musica che danza non sarà mai un vero ballerino!

Mentre l'insegnamento della danza ci abitua a riconoscere la musica più adatta ad essere ballata, la pratica dei balletti di repertorio ci presenta quelle musiche che da sempre sono sinonimo di balletto.

Quindi, conoscendo i più famosi compositori di tutti i tempi possiamo capire quanto il loro legame con la danza abbia ispirato alcune tra le pagine più belle della storia della musica e come la loro musica sia legata ai più grandi e memorabili balletti della storia.

E questa è quasi una regola: se è vero che le coreografie possono essere eseguite su musiche di ogni tipo, sono proprio le musiche composte appositamente a dare l'idea di un tutto unico al balletto, altrimenti tutto diventa complicato ed è difficile che la storia raccontata risulti del tutto coerente.

PIOTR ILIC CIAIKOVSKY

nasce a Votkinsk (Russia) nel 1840. Il genere a cui deve la sua popolarità è proprio quello del balletto al quale riesce a dare un carattere sinfonico che fu di esempio a tutta la musica "ballettistica". Esordì nel 1877 con *Il Lago dei Cigni*. Seguì poi, nel 1890, *La Bella Addormentata*, una delle sue opere più riuscite grazie anche alla intesa trovata con il coreografo Marius Petipa. L'effetto del balletto sul pubblico fu sorprendente. La musica fece ancora una volta scalpore per la sua qualità sinfonica che si contrapponeva alle musichette che in precedenza avevano accompagnato la danza. Questo contribuì anche a sottolineare l'allontanamento dal balletto romantico e l'attestazione del balletto classico dominato dal virtuosismo tecnico (quella di Aurora è una parte estenuante, un vero banco di prova per ogni ballerina). Nel 1892 poi fu la volta de *Lo Schiaccianoci*, con coreografia di Ivanov, uno dei suoi lavori più noti in cui si mischiano echi di musiche popolari e grande fantasia armonica.

IGOR STRAVINSKY

nasce a Oranienbaum (Russia) nel 1882. Quando Diaghilev ascolta le sue opere giovanili lo "assume" nella compagnia dei *Ballets Russes* come arrangiatore. Il suo primo lavoro per il balletto è *L'uccello di fuoco* (1909), in cui già si vede l'innovazione della sua opera, che fu un trionfo. Con il successivo *Petrouschka* (1911), il successo in terra francese sembra consacrarlo per sempre. Invece con *Le Sacre du Printemps* (1913) la reazione del pubblico fu violenta; la musica di Stravinsky crea una rottura con il passato: armonie azzardate, dissonanze, ritmica dominante. Il pubblico fu spiazzato anche dai nuovi movimenti della danza che accompagnava la musica. Ma la carriera del compositore riservava ancora delle sorprese. Al "periodo russo", segue il periodo "neoclassico", con il ritorno alla pratica musicale del passato, che emerge nel balletto *Pulcinella* (1919) e culmina nell'*Apollon Musagète* andato in scena a Parigi nel 1928 con coreografia di Balanchine, coreografo dei *Ballets Russes* con cui Stravinsky iniziò una lunga collaborazione.

SERGEJ PROKOFIEV

nasce nel 1891 a Sontzovka (Ucraina). Dopo il diploma al conservatorio va in giro per l'Europa dove incontra la compagnia dei *Ballets Russes* e Diaghilev. Dopo la rivoluzione russa rimase in esilio volontario tra l'Europa e gli Stati Uniti fino al 1923, quando decise di rientrare in patria. Su incarico di Diaghilev produce alcune opere e si esibisce in applauditissimi concerti. In seguito i condizionamenti del regime sovietico e un incidente d'auto che gli procurò problemi alle mani, non gli impedirono di continuare a comporre la sua musica e sono di questi anni i due famosi balletti *Romeo e Giulietta* (1936), creato su richiesta del Teatro Kirov di Leningrado, e *Cenerentola* (1944) in cui la sua musica, dall'innovatività degli esordi, si fa realistica e romantica.

Balletti di repertorio

Il balletto è uno spettacolo di danza eseguito con un accompagnamento musicale.

A capo dell'organizzazione scenica c'è il direttore, che coordina sia l'esecuzione musicale sia quella della danza. I ballerini, mentre eseguono i passi inventati dal coreografo, interpretano con movimenti e mimica la trama del balletto per comunicarla agli spettatori.

Ancora oggi quest'arte spettacolare, che racchiude insieme danza, musica, dramma, poesia, scenografia e costumi, è definita "balletto". Molti famosi balletti, chiamati "di repertorio", sono un'eredità del passato tramandata nei secoli: ancora oggi questi spettacoli sono molto amati e vengono proposti in tutti i teatri del mondo.

Ma la definizione "balletto" è utilizzata anche per uno spettacolo di danza che non si basa solo sul genere accademico (anche se è sempre presente una base tecnica relativa a posizioni, salti, giri, punte, etc.) e che può essere arricchito di elementi diversi a seconda della formazione e della creatività del coreografo.

Nelle pagine che seguono ti illustrerò alcuni dei più famosi.

GISELLE (1841)

balletto "romantico" per eccellenza; coreografia di Coralli e Perrot su musica di Adam
(libretto di Théophile Gauthier)

Il conte Albrecht, travestito da popolano, lusinga la contadina Giselle. Nel giorno in cui è incoronata reginetta del villaggio la ragazza scopre che Albrecht è già fidanzato, impazzisce e si uccide. Sepolta nel bosco come spetta ai suicidi, ogni notte danza con le altre Villi (le anime delle fanciulle tradite prima del matrimonio) e con la loro regina Myrtha, che si vendica con gli uomini che incontra facendoli danzare fino alla morte. Albrecht in visita alla tomba di Giselle viene catturato da Myrtha: riuscirà a salvarsi grazie all'amata, che lo sostiene durante l'estenuante danza che finisce all'alba del nuovo giorno.

IL LAGO DEI CIGNI (1895)

apoteosi del balletto "classico"; coreografia di Petipa e Ivanov su musica di Ciaikovsky

Il principe Siegfried, a caccia con i suoi compagni, una notte assiste alla trasformazione di un cigno in una bellissima fanciulla, la principessa Odette, la quale gli rivela il suo terribile segreto: i cigni del lago in realtà sono fanciulle vittime del mago Rothbart, condannate a riprendere le loro vere sembianze solo di notte a meno che non ricevano promessa di amore eterno. Siegfried si promette a lei ma è tratto in inganno da Rothbart e infrange la promessa chiedendo la mano di Odile, cui il mago ha dato le sembianze di Odette. In preda al rimorso, Siegfried si stringe a Odette e si getta con lei nel lago: la morte li unirà per sempre.

LE SACRE DU PRINTEMPS (1913)

balletto centrale nell'evoluzione della danza verso la "modernità";
coreografia di Nijinsky su musica di Stravinsky

Ideato da Stravinsky e da Nijinsky come opera di esaltazione dell'origine sacra del ballo e della musica, il balletto rappresenta un rito primitivo di fertilità che prevede il sacrificio di una fanciulla per propiziare il ritorno della nuova stagione. Alla sua prima rappresentazione l'opera fu un vero e proprio scandalo sia per la tematica sia per l'innovatività della musica sia per l'interpretazione. Nel corso degli anni, rimaneggiata nella coreografia e spesso allontanata dal suo spirito originale, è stata riproposta con crescente successo.

ROMEO E GIULIETTA (1965)

uno degli ultimi "fiori" della danza accademica; coreografia di MacMillan
su musica di Prokofiev (dalla tragedia di Shakespeare)

La tragica storia degli innamorati di Verona diventa un balletto struggente che ripercorre tutti gli episodi: il ballo, l'innamoramento, le nozze segrete e, nella seconda parte, il fallimento dello stratagemma per cui i due giovani anziché fuggire liberi finiscono per togliersi la vita.

LA SYLPHIDE (1836)

coreografia di Bournonville su musica di Lovenskjold: è un balletto romantico ancora in repertorio

James, un contadino scozzese, alla vigilia delle nozze si innamora di una sfuggente creatura dei boschi, la silfide, la quale riesce a sottrarlo alla sposa durante la festa del suo matrimonio. Per legare a sé la silfide, James le getta sulle spalle un velo incantato, fabbricato dalla strega Magda. Ma il velo è una vendetta della strega: non appena il velo la tocca, la silfide perde le ali e muore. James perde i sensi, mentre la sua promessa sposa abbandonata si unisce a un altro.

DON CHISCIOTTE (1869)

coreografia di Petipa su musica di Minkus (ispirato al personaggio di Cervantes)

Don Chisciotte suggestionato dalle gesta dei cavalieri decide di partire alla ventura. Giunge così a Barcellona dove s'innamora di una ragazza di nome Kitri, già promessa, contro la sua volontà, al ricco Gamache. Don Chisciotte si rende ridicolo sfidando Gamache a duello mentre Basilio, il giovane di cui la fanciulla è innamorata, riesce a ottenere la mano di Kitri con un inganno. Don Chisciotte continua a rendersi ridicolo con tutti e dopo un gran *pas de deux* finale riparte verso nuove avventure.

COPPELIA (1870)

coreografia di Saint-Léon su musica di Délibes (ispirato a un racconto di E.T.A. Hoffmann)

Il giocattolaio Coppelius espone la bellissima bambola meccanica che ha costruito e Franz, credendola una fanciulla vera, se ne innamora. Swanilda, gelosa fidanzata di Franz, entra di nascosto nel negozio di giocattoli e scopre che Coppelia è una bambola. Quando Coppelius rientra, Swanilda non riesce a scappare e si traveste da Coppelia. Franz entra a sua volta nel negozio e Coppelius lo assale per fare un esperimento su di lui: vuol trasfondere spirito vitale da un essere umano alla sua bambola. Coppelia prende vita e comincia a danzare distruggendo il negozio: in realtà si tratta di Swanilda che al momento opportuno fugge con il fidanzato lasciando deluso Coppelius. Durante la festa del villaggio Swanilda si riconcilia con Franz e si scusa con il giocattolaio.

SYLVIA O LA NINFA DI DIANA (1876)

coreografia di Mérante su musica di Délibes
(ispirato al dramma pastorale Aminta, di Torquato Tasso)

La vicenda è quella dell'amore del pastore Aminta e del cacciatore Orione per Sylvia, ninfa consacrata a Diana che per fedeltà alla dea rifugge sdegnosa ogni profferta amorosa. La svolta drammatica avviene con l'intervento di Eros, il quale fa in modo che la ninfa sia sensibile al corteggiamento di Aminta. Ma sarà solo dopo molte prove e traversie che, con il perdono e la benedizione della dea Diana, i due innamorati potranno finalmente sposarsi.

LA BAYADÈRE (1877)

coreografia di Petipa su musica di Minkus

Il guerriero indiano Solor ama ed è riamato da Nikia, una delle ballerine del tempio (le baiadere), ma il gran bramino vuole la fanciulla per sé. Solor si unisce allora a Gamzatti, la figlia del ragià, la quale, gelosa di Nikia, la costringe a danzare alla sua festa e tenta di ucciderla. Nikia potrebbe salvarsi a patto di cedere al bramino ma preferisce morire. Solor è sconvolto e sotto gli effetti dell'oppio sogna la sua baiadera nel regno delle ombre. Durante il matrimonio di Solor e Gamzatti il tempio viene colpito da un fulmine e travolge sposi e invitati: Solor e Nikia si ricongiungono e restano uniti per sempre.

LA BELLA ADDORMENTATA (1890)

coreografia di Petipa su musica di Ciaikovsky (ispirato alla nota favola di Perrault)

Al battesimo della principessa Aurora, sono invitate tutte le fate tranne la malvagia Carabosse, che si vendica: irrompe durante la festa e rivela che a sedici anni Aurora morirà pungendosi con un fuso. Ma la Fata dei Lillá salva la fanciulla: l'incantesimo di Carabosse non le darà la morte ma un lunghissimo sonno che solo il bacio di un principe potrà spezzare. Per il suo sedicesimo compleanno Aurora, richiesta in sposa da quattro principi, danza il famoso "adagio della rosa", poi il maleficio si compie. Dopo cento anni ecco un principe solitario aggirarsi per la foresta. La Fata dei Lillá lo guida al castello e gli fa vedere Aurora. Il suo bacio risveglia la principessa. Alla festa nuziale partecipano i personaggi di altre favole.

LO SCHIACCIANOCI (1892)

coreografia di Ivanov su musica di Ciaikovsky (ispirato a un racconto di E.T.A. Hoffmann)

È Natale e uno strano ospite dona a Clara uno schiaccianoci a forma di soldatino. A notte fonda Clara si sveglia e assiste a uno spettacolo incredibile: l'albero di Natale diventa grandissimo e tutti i soldatini lottano al suo fianco in una battaglia contro dei topi enormi. Clara sconfigge il re dei topi e lo Schiaccianoci, trasformatosi in un principe, la conduce in un mondo incantato: nella terra della neve e nella terra dei confetti, dove Clara danza felice. All'improvviso tutto scompare: la bambina si ritrova a casa con il giocattolo tra le mani, come se fosse stato tutto un sogno.

RAYMONDA (1898)

coreografia di Petipa su musica di Glazunov

Il giorno del suo compleanno, Raymonda è in attesa del suo fidanzato Jean de Brienne. Ma Jean non può arrivare e le fa recapitare in dono un suo ritratto. Si presenta al castello un altro pretendente, Abderaman, un risoluto guerriero saraceno. La notte Raymonda sogna Jean che scende dal ritratto e balla con lei ma al suo risveglio le si presenta davanti Abderaman, più pressante che mai: le offre il suo amore e la invita a danzare, tentando di rapirla con l'aiuto dei compagni. Sopraggiunge Jean, che sconfigge in duello Abderaman, salva Raymonda e dà inizio ai festeggiamenti per le loro nozze.

PETROUSCHKA (1911)

coreografia di Fokine su musica di Stravinsky

Nel teatro dei burattini di San Pietroburgo è rappresentata la storia in cui Petrouschka ama la Ballerina sebbene questa sia innamorata del Moro. Caduto il sipario, la storia dei 3 pupazzi continua anche dietro le quinte: Petrouschka prende il coraggio per sfidare il pericolosissimo Moro, che è armato di una terribile scimitarra. La lite porta i pupazzi fuori dal teatrino, dove la folla resta a bocca aperta dinanzi allo spettacolo del duello e dell'uccisione finale di Petrouschka. Il burattinaio rassicura il pubblico inorridito e si ritira ma alla fine della fiera sarà spaventato a morte proprio dal fantasma di Petrouschka.

LE SPECTRE DE LA ROSE (1911)

coreografia di Fokine su musica di Weber

È la storia del sogno di una ragazza di ritorno dal ballo. Rientrata a casa si addormenta su una sedia con una rosa tra le mani. Nel suo sogno vede lo spirito della rosa entrare dalla finestra e guidarla in una danza magica finché non scompare. A questo punto la fanciulla si sveglia e raccoglie con trasporto la rosa caduta.

L'APRÈS MIDI D'UN FAUNE (1912)

coreografia di Nijinsky su musica di Debussy (ispirata al poema di Mallarmé)

In un pomeriggio estivo un fauno assetato d'amore suona il suo flauto e danza. Al passaggio di un gruppo di ninfe il fauno si eccita e le insegue, danzando con loro, finché non riesce a raggiungerne una. Raccolto il velo sfuggito alla ninfa, il fauno lo bacia e si muove su di esso come per possederlo. La prima rappresentazione dell'opera suscitò scandalo per il contenuto esplicitamente erotico.

APOLLON MUSAGÈTE (1928)

coreografia di Balanchine
su musica di Stravinsky

Questo balletto è ispirato al mito greco del dio Apollo, signore delle Muse. Apollo, in questo spettacolo, compare alla guida di tre dee: Calliope, la musa della poesia, Polimnia, la musa della recitazione, e Tersicore, la musa della danza, che è anche la sua preferita.

La danza del dio termina con l'ascensione al monte Olimpo dove il mito vuole che risieda Giove, padre di tutti gli dei.

CENERENTOLA (1948)

coreografia di Ashton su musica di Prokofiev
(ispirato alla nota favola di Perrault)

La protagonista della storia è la figliastra di una donna che ha già due figlie brutte e cattive (nella coreografia sono interpretate da due uomini) che la trattano come una serva. Quando le fanciulle del regno sono invitate al ballo del principe, le sorellastre le impediscono di andarci. Compare la fata madrina, la quale compie l'incantesimo che condurrà Cenerentola al ballo: il principe balla con lei fino a mezzanotte quando nella sua fuga dal palazzo la ragazza perde una delle scarpette di vetro, che servirà a realizzare il lieto fine.

CARMEN (1949)

coreografia di Petit su musica di Bizet

Il balletto si ispira sia al racconto di Mérimée che all'opera lirica di Bizet, che già ne proponeva una versione personale. La storia di passione e inganno è condensata in cinque quadri. Don Juan si innamora di Carmen e tra i due scoppia l'amore. Carmen seduce Juan e lo convince a compiere un crimine con lei e i suoi complici: Juan è istigato a uccidere un uomo ricco dopodiché viene abbandonato alla sua sorte mentre Carmen fugge con il bottino. Juan incontra Carmen alla corrida e in preda alla gelosia la uccide.

LA FILLE MAL GARDÉE (1960)

coreografia di Ashton su musica di Herold

È basato su un precedente balletto di Dauberval andato in scena nel 1789 nel quale sono raccontati gli inutili sforzi della vedova Simone (interpretata da un uomo) per far sposare la figlia Lisa al ricco Alain anziché al contadino Colas, di cui la ragazza è innamorata. Al termine della festa del raccolto, allietata da danze folkloristiche ma funestata da un improvviso temporale, Simone cederà al volere della figlia.

L'HISTOIRE DE MANON (1974)

coreografia di MacMillan su musiche di Massenet, Lucas, Gaunt
(nessuna musica è tratta dall'opera lirica omonima)

La trama del balletto ricalca la storia drammatica della relazione tra l'affascinante Manon e il cavaliere Des Grieux narrata nell'omonimo romanzo dell'Abbé Prévost. Manon ha una relazione con Des Grieux ma lo tradisce con un uomo potente che, offeso dal ricongiungimento dei due, fa deportare la donna in Luisiana.
Manon muore tra le braccia di Des Grieux che ha raggiunto l'America per salvarla.

Le stelle della danza

La storia della danza è stata scritta sulle punte e ogni aspirante danzatrice conosce il talento e la grazia di ballerini e ballerine diventati dei "miti". Alle origini della danza "accademica" alcune ballerine si sono affermate come prime dive del ballo. Di loro non abbiamo molte tracce, ma è con loro che è nato il mito della danzatrice: il divismo dell'étoile, il culto della sua immagine e l'adorazione del pubblico.

La prima "ballerina mito" fu Marie Anne de Cupis de Camargo (1710-1770), che debuttò a 15 anni e trionfò all'Opéra di Parigi. Fu seguita da Maria Taglioni (prima interprete della Sylphide) e Carlotta Grisi (prima interprete di Giselle) in epoca romantica, da Anna Pavlova e Bronislava Nijinska, stelle dei Ballets Russes assieme al grande Vaslav Nijinsky ai primi del Novecento.

È difficile scegliere i ballerini di cui parlare in ordine d'importanza. Ti parlerò allora solo di alcuni artisti che possiamo ancora vedere sulla scena o di cui abbiamo i video delle loro performances.

RUDOLF NUREYEV

nasce nel 1938; nel 1955 entra nella scuola di ballo del Kirov di Leningrado, dopo aver studiato con la Udeltsova, che aveva fatto parte dei *Ballets Russes* di Diaghilev.
Nel 1962 danza con il Royal Ballet di Londra e nasce la leggendaria coppia Nureyev-Fonteyn: il pubblico impazzisce e i coreografi del tempo creano nuovi ruoli per loro. Negli anni Settanta danza con Carolyn Carlson e con la *Martha Graham Dance Company*. Negli stessi anni, crea la compagnia *"Nureyev and Friends"*, e intensifica la sua attività di coreografo.
Nel 1983 è nominato direttore artistico della Compagnia di Balletto de l'Opéra di Parigi. Muore nel 1993.

MIKHAIL BARYSHNIKOV

nasce a Riga nel 1948. Nel 1960 è nella Vaganova Ballet Academy e nel 1966 è nel corpo di danza del Teatro Kirov. Nel 1974 comincia a lavorare negli Stati Uniti. Dal 1974 al 1979 è primo ballerino all'*American Ballet Theatre* cui resterà legato per più di dieci anni salvo qualche parentesi (lavora anche con George Balanchine). Baryshnikov è un ballerino di grande talento e carisma ed è famoso anche per la sua carriera di attore, apprezzata fin dal debutto in *Due vite, una svolta* (1977), film che gli fruttò una *nomination* all'Oscar.

ROBERTO BOLLE

nasce nel 1975 e inizia a danzare alla Scuola di Ballo del Teatro alla Scala, dove Nureyev lo nota e gli propone un ruolo di primo piano. Nel 1996 è nominato primo ballerino dalla direttrice della Scala Elisabetta Terabust. Da allora interpreta i maggiori ruoli del balletto classico e contemporaneo e danza con le più prestigiose compagnie del mondo. Dal dicembre 1998 è Artista Ospite Residente del Teatro alla Scala e dal 2004 gli è stato riconosciuto il titolo di *étoile*. Nell'ottobre del 2002 al Teatro Bolshoi di Mosca, interpreta con Alessandra Ferri il *Romeo e Giulietta* di Kenneth MacMillan, e i due ballano ancora assieme in occasione dell'inaugurazione della Scala di Milano, dopo il restauro. Nel febbraio 2006 partecipa alla cerimonia di apertura dei Giochi Olimpici Invernali di Torino.

MARTA GRAHAM

nasce in Pennsylvania (USA) nel 1894 ma comincia la sua carriera in California dove conosce le danze folkloristiche che le ispirarano possibilità nuove. Con lei fa il suo ingresso ufficiale nell'arte della danza la psicologia e la ricerca dei movimenti che esprimono gli stati della mente e che la Graham codificò e nominò all'interno di una sua propria tecnica. Nella Martha Graham School of Contemporary Dance tale tecnica si sviluppa in un nuovo stile coreografico e lì studiano i più grandi ballerini contemporanei. Ricordata più spesso come coreografa e madre della danza contemporanea, la Graham è stata una grandissima

ballerina, capace di assumere con il suo corpo minuto ma carico di tensione le forme "spezzate" che sono parte del suo metodo. La sua carriera è stata lunghissima: si ritirò dalle scene nel 1969.

ROSELLA HIGHTOWER

nasce in una piccola città dell'Oklahoma (USA) nel 1920 ed è una delle più celebri danzatrici di tutti i tempi. Appena adolescente, il coreografo e ballerino russo Massine la sceglie per il corpo di ballo dei *Ballets Russes de Monte-Carlo*. La sua carriera procede come solista finché non le viene offerta una parte da *étoile* al *Metropolitain Opera* di New York. La sua bravura fa scalpore così come la sua prima apparizione a Parigi nel 1947: virtuosa e dinamica, la sua danza vibra di passione e ironia. La Hightower ha ballato nei più grandi teatri a fianco dei partner più illustri e ha lavorato a capo della compagnia del *Nouveau Ballet de Monte-Carlo*. Nel 1961 ha fondato il *Centre de Danse International di Cannes* rivoluzionando la concezione dell'insegnamento della Danza. È morta a Cannes nel 2008.

MARGOT FONTAYNE

la danzatrice inglese (1919-1991) è uno dei miti della danza di tutti i tempi e un modello di purezza stilistica. Il suo nome resta legato all'interpretazione eterea della donna-cigno e a quell'aura di aristocraticità che riusciva a portare nel balletto. Continuò a lungo a comparire sulla scena, anche in ruoli secondari e comparse che le faceva piacere interpretare per restare legata alla danza e che furono comunque la delizia del pubblico che non aveva potuto vederla danzare prima. La Regina d'Inghilterra aveva riconosciuto i suoi meriti conferendole il titolo nobiliare di *Dame*.

PINA BAUSCH

nasce a Solingen in Germania nel 1940 e studia alla scuola di Kurt Joos. Nel 1958 si diploma e vince una borsa di studio alla Julliard School di New York: inizia un periodo di formazione e danza come solista per le più importanti compagnie americane. Nel 1962 torna in Germania, diviene solista del *Folkwang-Ballett* e assistente di Joos. Nel 1973 è alla direzione del *Tanztheater di Wuppertal* (ora *Tanztheater Pina Bausch*) e da allora si rivolge sempre più allo studio coreografico. Nel 2004, per la sua carriera, riceve il *Prix Nijinsky*. Muore nel 2009.

CARLA FRACCI

nasce a Milano il 20 agosto 1936 e già nel 1958 è prima ballerina alla Scala. In questi anni danza in Italia e all'estero con i più grandi partner, da Nureyev a Baryshnikov. È senza dubbio la regina italiana della danza classica ma grazie alla sua sensibilità è stata anche una grande attrice cinematografica. Numerose e di grande valore artistico sono le sue interpretazioni di balletti classici e contemporanei. Ha diretto i corpi di ballo di alcuni grandi teatri italiani e si può dire quasi mitica la sua longevità artistica.

ALESSANDRA FERRI

nasce a Milano nel 1963. Studia alla Scala, che abbandona a soli 15 anni quando il Royal Ballet di Londra le offre di entrare nelle sue file. Interpreta così, giovanissima, i principali ruo

li del balletto romantico. Nel 1985 torna a Milano, chiamata da Zeffirelli a interpretare *Il Lago dei Cigni*. Baryshnikov assiste al balletto e subito le propone di entrare nell'*American Ballet*. Nel 1992, la Ferri diventa *étoile* del Teatro alla Scala ma questo non le impedisce di continuare a danzare nei maggiori teatri del mondo. Di lei, della sua grazia e della sua espressività si è detto molto, ma forse è il caso di ricordare anche come sia una delle poche – coraggiose – ballerine che hanno voluto affrontare una doppia maternità.

POLINA SEMIONOVA

nasce a Mosca nel 1984 e dopo aver conseguito il diploma all'Accademia di Mosca, nel 2002, all'età di soli 18 anni, entra come prima ballerina al *Berlin Staatsoper Ballet*. Come artista ospite danza, tra gli altri, con l'*English National Ballet*, il *Bayerischen Staatsballett*, l'*Opéra National de Paris*, la *Wiener*

Staatsoper e il *Bolshoi Ballet* affermandosi nei ruoli principali del balletto classico, per le cui interpretazioni riceve numerosi premi. Nel giugno 2006 è per la prima volta su un palcoscenico italiano nelle vesti di Odette ne *Il Lago dei Cigni*, insieme al ballerino italiano Roberto Bolle.

Flessuosa ed espressiva, a soli 22 anni, è il nuovo astro nascente della danza.

Attualmente è *guest artist* in numerosi teatri del mondo e balla presso il Teatro di Berlino diretto da Vladimir Malakhov.

Il teatro

La danza deve una parte del suo fascino al luogo in cui si esprime: niente è più elettrizzante per un ballerino dell'andare in scena in un teatro. Per questo ritengo che chiunque pratichi la danza debba conoscere a fondo questo ambiente.

La tipologia di edificio teatrale prevalente in Europa risale al Seicento, quando dalle diverse esperienze architettoniche del passato, si delineò e si consolidò la tipica forma del teatro cosiddetto "all'italiana".

Fino all'avvento dell'illuminazione elettrica (metà del 1800) i teatri erano dei luoghi oscuri, illuminati solo nel proscenio e in prossimità dei palchi da una fila di candele o lumi: era difficile poter seguire qualcuno se recitava o danzava fuori dalla zona illuminata. Il palcoscenico in pendenza veniva incontro a questo impedimento ma pensa come doveva essere difficile per i ballerini danzare su questa superficie!

L'avvento della luce elettrica rappresenta una vera e propria rivoluzione: con l'illuminotecnica nasce il teatro moderno, nasce la regia; nella danza assieme all'illuminotecnica nasce la grande coreografia.

Esaminiamo uno per uno gli elementi del teatro all'italiana:

(1) pianta della sala a **ferro di cavallo**;

(2) vari ordini (= piani) di **palchi** e **gallerie** (= terrazzi per gli spettatori) lungo tutto il perimetro;

(3) la **platea** (= spazio del pubblico) riempie l'area interna, con pavimentazione in discesa in direzione della scena;

(4) la **buca dell'orchestra** (= spazio per l'esecuzione musicale) collocata a ridosso della scena, nella parte più bassa della platea, per non ostacolare la visione dello spettacolo;

(5) il **proscenio** rialzato (= la parte più avanzata del palcoscenico) e (6) l'**arco scenico** (= ponte tra le due file di palchi prospicienti il proscenio) a chiudere in alto e in basso la base della pianta, dividendo lo spazio del pubblico da quello degli artisti e creando il cosiddetto **boccascena**;

(7) il **palcoscenico** (= spazio dello spettacolo e della scenografia) e il **retropalco** (= spazio degli artisti e delle macchine) che si allargano dietro al proscenio e dove si trovano anche camerini, macchine e attrezzi.

Palcoscenico, soffitta e sottopalco fanno parte della struttura-contenitore

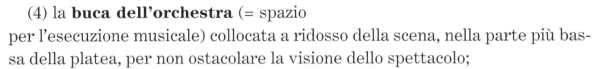

dello spettacolo, chiamata **torre scenica**. La **soffitta** è costituita da una serie di passerelle utili a manovrare le attrezzature e posizionare le luci.

Al limite della superficie del palcoscenico che si decide di praticare viene posto il **fondale**, un tempo di stoffa dipinta ma oggi di materiali vari; ai lati del palcoscenico troviamo elementi chiamati **fianchi**, che allineati a una determinata distanza l'uno dall'altro coprono gli spazi di accesso alla scena degli artisti, cioè le **quinte**. Gli elementi scenografici posti sulla scena per essere "calpestati" da parte degli artisti si chiamano **praticabili** (pedane, gradinate).

Il **foyer** è l'elegante spazio tra la sala e l'ingresso dell'edificio, in cui il pubblico si raduna prima e dopo lo spettacolo.

L'Opéra Garnier di Parigi

L'illuminotecnica è l'arma della regia: dalla **luce diffusa** che cade a pioggia sul palcoscenico, si può passare al buio e all'illuminazione di un artista (con gli **spot**), di un gruppo o di una parte della scena, attirando immediatamente l'attenzione dello spettatore su un particolare.

La luce dei riflettori può avere varie colorazioni per ricreare un ambiente e suggerire significati simbolici e psicologici. Con la luce si possono creare **effetti speciali** proiettando immagini fisse o in movimento sul fondale e sui fianchi.

Tra i bellissimi teatri europei la storia ha consacrato quelli che meritano il titolo di templi della danza. Si tratta di edifici che hanno una tradizione illustre, che promuovono importanti stagioni teatrali (con opere liriche, concerti, prosa e balletti) e che accolgono tra le loro mura le più prestigiose scuole e compagnie di danza.

TEATRO ALLA SCALA

Il Teatro alla Scala di Milano prende il nome dalla piazza su cui si affaccia, Piazza della Scala, a sua volta ispirato alla chiesa di Santa Maria alla Scala che fu demolita proprio per fare spazio al teatro. Il progetto venne affidato dall'imperatrice Maria Teresa d'Austria al celebre architetto neoclassico Giuseppe Piermarini e inaugurato nel 1778. Da allora è stato più volte restaurato per danneggiamenti e adeguamenti funzionali. È sicuramente il più celebre teatro italiano ed è sede dell'illustre scuola e della grande compagnia di danza omonime.

BOLSHOI

L'attuale edificio del Teatro Accademico di Stato Bolshoi di Mosca fu costruito nel 1824 sul progetto di Osip Bove. Il suo "antenato" (Teatro Bolshoi Petrovsky) era stato fondato nel 1776 ed era andato distrutto in un incendio nel 1805, ma già ai tempi della sua fondazione ospitava la scuola di danza dell'orfanotrofio di Mosca (nata nel 1773). Quando Mosca divenne capitale (1918), il Bolshoi divenne il primo teatro dell'Unione Sovietica. Gran parte della sua storia è legata al balletto e alle opere di grandi compositori come Ciaikovsky e Prokofiev.

OPÉRA DI PARIGI

L'Opéra Garnier di Parigi (o Opéra di Parigi) è frutto del progetto dell'architetto Charles Garnier e fu inaugurato nel gennaio del 1875. Il teatro è sede del corpo e della Scuola di Danza dell'Opéra di Parigi. La Scuola, con i suoi 300 anni di storia (fu Luigi XIV a creare nel 1713 la scuola dell'Accademia di Danza), è la più antica del mondo.

COVENT GARDEN

La Royal Opera House di Londra è il terzo teatro del sito del Covent Garden e a volte è indicata proprio come "Covent Garden". Il primo teatro della zona risale al 1732, ma fu dopo la distruzione di un secondo teatro, che nel 1858 l'edificio fu ricostruito nella forma attuale; solo nel 1892 prese il nome di Royal Opera. Durante le due guerre mondiali il teatro fu trasformato in un deposito e poi in una sala da ballo finché non riaprì come The Royal Opera House nel febbraio del 1946. Qui ha sede la compagnia del Royal Ballet, nata per volontà di Dame Ninette de Valois nel 1931. La sua è una delle scuole di danza più ambite.

Le scuole di danza

Ricordati che fare la ballerina di professione non è solo una scelta ma una vocazione, esattamente come quella religiosa.

Per diventare professionisti occorre avere un fisico adeguato e predisposto: una giusta proporzione fisica, una muscolatura morbida e "malleabile" in modo da poter essere plasmata durante l'esercizio, tendini lunghi e flessibili che consentano le estensioni e rendano i movimenti armoniosi, senza forzature e contrazioni.

Importanti sono anche la forma dei piedi, che devono riuscire a stendersi in modo tale da formare una linea retta con la gamba, e lo sviluppo del collo del piede – meglio se arcuato di natura – in modo che possa accentuare la qualità delle linee.

Questo è quanto richiede la danza classica e l'esercizio delle punte.

Detto ciò, se l'invito a scegliere una scuola seria e insegnanti qualificati è basilare per chi prova amore per la danza e la vuole praticare, a maggior ragione tale scelta è determinante per chi "nasce ballerina".

Il giusto spirito - Per diventare professionisti è necessario frequentare scuole qualificate e selettive.

Non bisogna dimenticare che la danza è materia di studio mirata a una formazione artistica, è "arte" e non facciamo il banale errore di definirla uno sport! Nelle scuole normali puoi anche praticare la danza con lo spirito dello sport ma questo non farà mai di te un professionista.

Nelle grandi scuole di ballo, invece, potrai seguire un corso di studi corretto e mettere le basi di una professione.

Le selezioni - Oltre alla tua impressione personale e all'incoraggiamento degli altri, se davvero sei "predisposta" per la danza potrai scoprirlo presentandoti alle selezioni delle grandi scuole di ballo e sottomettendoti al giudizio della commissione tecnica che saprà valutare le tue potenzialità naturali.

Se sarai ritenuta idonea e sarai ammessa, la scelta successiva è tutta tua.

A questo punto dovrai forse fare un po' di rinunce e dedicarti seriamente allo studio della danza: se la tua vocazione è forte, questo non sarà un peso ma una fonte di gioia.

In caso di esclusione, se ami veramente la danza, la tua vocazione continuerà a guidarti e a sostenerti. Se invece la tua vocazione è debole, anche in caso di ammissione ti sarà difficile far fronte a tutti i sacrifici che la danza ti richiederà nel tempo...

Non arrendersi mai - Per quanto riguarda le commissioni tecniche bisogna riconoscere che talvolta sbagliano, ma onestamente succede di rado.

Comunque le scuole di balletto bandiscono concorsi ogni anno quindi non devi scoraggiarti: l'esclusione di oggi può essere l'ammissione di domani. A volte anche ai più grandi sono state sbattute porte

in faccia. Alcuni allievi infatti sono esclusi non per mancanza di predisposizione ma per questioni d'età o perché non hanno una corretta preparazione di base (quindi attenzione agli insegnanti!!!). Perciò non fermarti al primo tentativo ma prova le selezioni in più accademie e scuole di formazione professionali.

Hobby o professione? - Se poi i giudizi continueranno a essere poco positivi riguardo le tue possibilità, forse dovrai pensare allo studio della danza come a un hobby o indirizzarti su altre discipline.

Non è giusto farsi illusioni: fare la ballerina classica è una professione difficile, ci vuole costanza, disciplina e talento ma deve esserci anche la predisposizione altrimenti la strada è troppo in salita!

Puoi pensare allora con serenità alle altre possibilità: la danza moderna e la contemporanea richiedono altre caratteristiche fisiche e ci sono tanti tipi di danza che puoi praticare. Oppure puoi dedicarti all'insegnamento della danza, scoprire di essere un'ottima coreografa, coltivare in altro modo la tua passione per la danza.

Le scuole da conoscere - Sottolineo ancora l'importanza della scuola che scegli, che deve essere qualificata e avere maestri preparati.

Ti segnalo in ordine alfabetico alcune scuole tra le più qualificate nel mondo. Informati, segui le loro attività e tieniti aggiornata sulle loro selezioni. Per indicarle tutte servirebbero molte pagine, perciò non me ne vogliano quelle che non menzionerò: ho scelto solo quelle di cui, secondo me, è giusto che tu conosca l'esistenza qualora tu volessi prendere in considerazione le selezioni.

Le mie preferenze sono orientate per le scuole estere, forse perché le conosco meglio: è lì che mi sono formato e ci sono affezionato.

IN ITALIA

MILANO **Accademia del Teatro alla Scala**
www.accademialascala.it

NAPOLI **Scuola del Teatro San Carlo di Napoli**
www.teatrosancarlo.it/it/pages/scuola-ballo.html

ROMA
Accademia Nazionale di Danza
www.accademianazionaledanza.it

Scuola del Teatro dell'Opera di Roma
www.operaroma.it/ita/didattica-danza-storia.php

ALL'ESTERO

CANADA
National Ballet School of Canada
www.nbs-enb.ca

DANIMARCA
Royal Danish Ballet Copenaghen
www.kglteater.dk/om-os/balletskolen

FRANCIA
Ecole de danse de l'Opéra de Paris   *www.operadeparis.fr/l-operadeparis/recrutement/l-ecole-de-danse*
Ecole supérieure de Danse de Cannes Rosella Hightower   *www.cannesdance.com*
Conservatoire de Paris   *www.conservatoiredeparis.fr*

GERMANIA
Hamburg Ballett Schule John Neumeier   *www.hamburgballett.de/e/schule.htm*
John Cranko Schule   *www.john-cranko-schule.de*

SVIZZERA **Ecole-Atelier Rudra Béjart Losanne**   *www.bejart-rudra.ch*

INGHILTERRA
English National Ballet School   *www.enbschool.org.uk*
London Contemporary Dance School   *www.cdd.ac.uk/lcds_about.html*
Royal Ballet School   *www.royal-ballet-school.org.uk*

RUSSIA
Bolshoi Ballet School   *www.balletacademy.ru/www/*
Vaganova Ballet Academy   *www.vaganova.ru*

STATI UNITI
Alvin Ailey Dance School   *www.alvinailey.org*
ABT - American Ballet Theatre School   *www.abt.org/education/programsfordancers.asp*
Baryshnikov Arts Center – BAC   *www.bacnyc.org/*
Kirov Academy of Ballet   *www.kirovacademydc.org/*
Marta Graham Dance School   *www.marthagraham.org/school*
SAB - School of American Ballet - New York City Ballet School   *www.sab.org*

LE PAROLE DELLA DANZA

È molto importante conoscere la terminologia della danza. Purtroppo spesso non si dà importanza a questo aspetto e invece conoscere il nome dei passi e degli esercizi aiuta a memorizzarli più in fretta.
La definizione dei passi di danza classica è in lingua francese, quindi andrà fatto uno sforzo ulteriore per impararne anche la corretta pronuncia.

Adage fa riferimento al termine musicale "adagio" e significa "calmo, tranquillo": è un insieme di movimenti lenti e aggraziati.

Air (en l') è quando la gamba che lavora esegue un movimento mentre è sospesa in aria.

Allegro deriva da un termine musicale che significa "vivace, brioso". Fa riferimento all'esecuzione di passi saltati e si distingue in piccolo, medio e grande allegro.

Allongé significa "allungato" o "disteso".

Arabesque è una posa che si esegue su una sola gamba, mentre l'altra sta distesa dietro.

Arrière (en) si dice quando un passo o movimento si esegue all'indietro.

Assemblé significa "unito": è un salto in cui le gambe si congiungono in aria e sono unite prima di atterrare.

Attitude è una posa che si esegue su una sola gamba con l'altra sollevata (davanti o dietro) e il ginocchio piegato. Questa posa si ispira a una famosa statua dello scultore Giambologna.

Avant (en) si dice quando un passo o movimento viene eseguito "in avanti".

Ballet blanc (balletto bianco) fa riferimento ai balletti romantici in cui vengono utilizzati i classici tutù lunghi e bianchi come quello indossato nel balletto *La Sylphide* da Maria Taglioni (1830).

Ballet d'action è un balletto che racconta una storia.

Balletto classico è la tecnica del balletto tradizionale, ma il termine fa riferimento anche ad alcuni balletti di repertorio.

Balletto moderno è un genere di balletto nato nel Novecento facente capo a diversi stili.

Balletto romantico è lo stile di danza appartenente al periodo romantico (prima metà del XIX secolo).

Ballon (balzo) è un termine tecnico che indica la corretta elasticità in un salto. È il rimbalzo da terra mantenendo la posizione in aria e dando l'idea di rimanere sospesi.

Ballonné è un salto in cui i ballerini atterrano su una gamba sola in *demi-pliè* con il piede dell'altra *sur le cou-de-pied* (tipico del *pas de deux* dei contadini nel balletto *Giselle*).

Battement indica l'esecuzione di un passo in cui lavora la gamba libera mentre l'altra sostiene il corpo; esistono diversi tipi di *battements* (*tendu*, *jeté*, *soutenu* e *grand battement*).

Batterie si intendono tutte quelle esecuzioni "battute" con l'interno coscia (la forza è concentrata nei muscoli adduttori): le gambe battono una contro l'altra e si scambiano, come per esempio nell'*entrechat quatre*.

Bras significa braccia.

Bras bas, "braccia basse", è la posizione preparatoria prima di iniziare un esercizio alla sbarra o una combinazione.

Cambré, "inarcato", è la flessione del busto, indietro (*cambré en arrière*) o laterale.

Centro fa riferimento allo spazio della sala di danza. Nella lezione di danza classica vengono svolti al centro gli esercizi della seconda parte, dopo quelli fatti alla sbarra; nella danza moderna gli esercizi iniziano subito al centro.

Centro di equilibrio indica una linea immaginaria che attraversa il corpo alla quale il danzatore deve fare riferimento per distribuire bene il suo peso, bilanciarsi in una posa particolare, trovare stabilità.

Chaînés (tour en) significa "giri a catena", chiamati anche *déboulés*. Consiste in una serie di giri con le braccia e i piedi in prima posizione, eseguiti in mezza punta o sulle punte: durante l'esecuzione il peso del corpo si sposta alternativamente da un piede all'altro.

Changement des pieds, "cambiamento dei piedi', è un salto durante il quale i piedi cambiano la quinta posizione in aria, invertendo la posizione prima di ritornare a terra.

Coreografo è la persona che compone, crea, inventa i passi in un balletto o una danza.

Coreografia è un´ termine composto dai vocaboli greci *khorèia* e *graphia* (che significano rispettivamente "danza" e "scrittura") e indica l'arte di comporre i movimenti di un balletto o una danza, le figurazioni, lo schema, i passi. Viene definita "opera dell'ingegno".

Coreologia è la memorizzazione di un balletto in un'annotazione (è poco usata al giorno d'oggi).

Corps de ballet, "corpo di ballo", è l'insieme di ballerini/e che lavorano in un teatro e si esibiscono in gruppo: si distinguono dai solisti, i primi ballerini e le *étoiles*.

Cou-de-pied, "collo del piede", è la parte superiore del piede, che dovrebbe essere ben arcuata di natura o ben sviluppata con l'esercizio, per consentire di salire sulle punte con più facilità e rendere le linee dei piedi e delle gambe più eleganti.

Croisée, "incrociata", è una posizione in cui il corpo è leggermente ruotato rispetto alla posizione *en face* ("di fronte") allo spettatore, il quale perciò vede la linea incrociata delle gambe del danzatore.

Danseur noble è il ballerino per eccellenza. Bello ed elegante, ha tutte le caratteristiche adatte a interpretare ruoli nobili e da principe.

Danza jazz, stile di danza che si è sviluppato negli Stati Uniti da un insieme di danze folkloristiche europee, africane e primitive, in fusione con la danza classica e la *modern dance*.

Danza moderna è un "moderno" stile di danza, più libero rispetto al balletto classico, con delle tecniche e movimenti talvolta non codificati e definiti.

Dedans (en) significa "in dentro, all'interno" ed è l'opposto dell'*en dehors*. Sta a indicare un movimento, un passo, una rotazione del corpo che avviene verso l'interno, come per esempio nel *rond de jambe* o nelle *pirouettes*, etc.

Degagé, "liberato", è il termine che indica l'apertura di una gamba - come nel *battement tendu* - posizionata davanti, di lato o dietro, con il piede completamente teso e appoggiato a terra.

Dehors (en) significa "in fuori, verso l'esterno". È l'opposto di *en dedans* e sta a indicare un movimento, un passo, una rotazione del corpo che avviene verso l'esterno, come per esempio nel *rond de jambe*, nelle *pirouettes*, etc.

Demi-plié, "semi piegato", è un esecuzione o posizione in cui le gambe e le ginocchia si piegano parzialmente senza sollevare i talloni da terra.

Demi pointes, "mezze punte", è il termine che indica quando una ballerina/o si solleva sugli avampiedi. Quanto più alta è la mezza punta, tanto più viene messo in evidenza il collo del piede. Una mezza punta alta contribuisce anche a facilitare l'equilibrio.

Developpé, "sviluppato", è un movimento durante il quale la gamba, partendo dalla prima o quinta posizione e passando dal *cou-de-pied retiré*, si stende, sollevandosi in qualsiasi direzione.

Ecartée è una posizione in cui la gamba della ballerina è tesa in seconda posizione mentre il suo corpo è posizionato in diagonale rispetto alla posizione *en face* (di fronte) al pubblico; può essere eseguita *par terre* (a terra) o *en l'air* (in aria), *devant* o *derrière*.

Echappé, "scappato", è un salto in cui le gambe, partendo dalla prima o quinta posizione, si aprono in aria con un movimento simultaneo e atterrano aperte in seconda posizione, talvolta anche in quarta.

Effacée è una posizione in cui il corpo è leggermente ruotato rispetto alla posizione *en face*, cioè di fronte allo spettatore, il quale vede la linea aperta delle gambe del danzatore.

Enchaînement, "incatenamento", è un insieme di passi combinati.

Épaulement è il termine usato per indicare l'atteggiamento di posizionare le spalle e la testa rispetto alla posizione assunta dal resto del corpo. È un modo artistico e particolare che migliora la prospettiva nella posizione *en face* e l'espressività quando la ballerina si gira da lontano verso il pubblico.

Étoile, "stella", è il titolo più alto nella gerarchia di un corpo di ballo. Viene conferito dal direttore di un teatro a una prima ballerina o a un primo ballerino di una compagnia di balletto classico, per indicare il loro livello professionale superiore. Questo termine è stato coniato dal teatro dell'Opéra di Parigi.

Face (en) si dice quando una ballerina è rivolta al pubblico.

Fermé, "chiuso", è l'opposto di *ouvert*. Con questo termine si definiscono i passi che terminano con le gambe chiuse nella quinta posizione, solitamente dopo un salto, come per esempio nel *sissonne fermé*.

Flex, dall'inglese "flettere", è la flessione del piede con la punta sollevata che va a formare un angolo di 90° con la caviglia.

Fondu, "fuso", è un esercizio in cui la gamba che sostiene il corpo si piega.

Frappé, "sbattuto", è un esercizio in cui il piede sbatte per terra. Nel *battement frappé* il piede sbatte prima di stendersi completamente insieme alla gamba.

Glissade, "scivolata", è un passo strisciato usato per legare i movimenti tra loro o per preparare a un altro passo. Inizia e termina in quinta posizione ed è una delle movenze più antiche, tra le prime a essere codificate assieme al *balancé*.

Grand è l'opposto di *petit*. Con questo termine vengono definiti i passi o gli esercizi che si eseguono in maniera ampia, per esempio il *grand saut* ("grande salto"), il *grand battement*, il *grand rond de jambe*.

Grand écart, "grande divaricata", è una spaccata, cioè il massimo della divaricazione delle gambe. Viene eseguita solitamente a terra con una gamba avanti e l'altra dietro, in direzione della quarta posizione, oppure con le gambe laterali rispetto al piano frontale, cioè in seconda posizione (è detta allora anche "spaccata frontale"). Come esercizio di stretching si esegue con la gamba alla sbarra; in movimento si esegue come grande salto.

Grand jeté è un grande salto in cui una gamba viene lanciata verso l'alto mentre il corpo si solleva spostandosi in aria: così si ottiene la massima apertura di entrambe le gambe.

Grand jeté pas de chat è un grande salto "a passo di gatto", in cui la gamba che viene lanciata verso l'alto durante il salto esegue un *développé*, il corpo si solleva spostandosi in aria e entrambe le gambe sono in massima apertura come nel *grand jeté*.

Jambe significa gamba.

Jambe d'appui, "gamba d'appoggio", è la gamba che sostiene il peso del corpo; viene anche chiamata "gamba di terra".

Jambe libre, "gamba libera", è la gamba che non sostiene il peso del corpo, perchè libera di eseguire i movimenti; viene anche chiamata "gamba che lavora".

Jeté, "gettato", si riferisce a tutti quei movimenti veloci, staccati da terra e di slancio, come per esempio un *battement jeté*.

Lift, dall'inglese "sollevare", indica l'azione di sollevare la partner durante un *pas de deux*.

Maître de Ballet, "maestro di ballo", è la persona incaricata di dirigere le lezioni del corpo di ballo e dell'intera compagnia. È suo compito provare i balletti richiesti dal direttore o creati dal coreografo con i ballerini.

Milieu (au) significa "al centro" e fa riferimento allo spazio della sala di danza dove vengono svolti gli esercizi nella seconda parte della lezione di classica, dopo quelli alla sbarra.

Ouvert, "aperto", è l'opposto di *fermé*. Con questo termine si definiscono i passi che finiscono con una gamba aperta, sollevata da terra a qualsiasi altezza, solitamente dopo un salto (come per esempio nel *sissonne ouvert*).

Ouverture è un termine musicale che indica la composizione introduttiva che sta all'inizio di opere musicali di vario genere. A teatro viene eseguita prima dell'apertura del sipario e riassume parte dei brani che verranno ascoltati e interpretati durante la rappresentazione.

Par terre, "per terra" è l'opposto di *en l'air*. L'espressione viene utilizzata per identificare i passi o i movimenti in cui l'esecuzione comporta il contatto della gamba che lavora con il suolo, cioè "per terra".

Pas, "passo", è il termine utilizzato per tutti quei movimenti che comportano un trasferimento del peso del corpo da una gamba all'altra, con ascesa e discesa, come per esempio nel *pas de bourrée*, oppure nei salti.

Passé è un movimento in cui il piede va a posizionarsi all'altezza del ginocchio della gamba portante; esiste il *passé en dehors* e *en dedans* nella danza moderna. È una posizione tipica durante l'esecuzione delle *pirouettes* e per lo studio dell'equilibrio. Può anche indicare un movimento di passaggio.

Pas de bourreé deriva da un'antica danza popolare francese, la *Bourrée* appunto, divenuta danza di corte, poi rifinita e sviluppata nel balletto classico.

Pas de chat, "passo del gatto", è un salto che fa riferimento alla dinamica di un movimento agile e leggero come quello di un gatto.

Pas couru, "passo di corsa", è un passo di spostamento composto da piccoli passi eseguiti di corsa, in velocità.

Pas de deux, "passo a due", è una forma tipica del balletto classico. Tale danza è composta da 4 parti corrispondenti a 4 brani musicali: il primo viene eseguito in coppia, solitamente è un "andante" o un "adagio"; il secondo è un assolo del ballerino; il terzo è un assolo della ballerina; il quarto si alterna tra vari assolo e termina con un finale in coppia che si chiama "coda". Questo termine viene anche utilizzato per indicare una danza di diverso stile eseguita da una coppia di ballerini.

Penché, "inclinato" è un esercizio che comporta l'inclinazione del corpo in avanti, come per esempio in *arabesque penché*: partendo dalla posizione di *arabesque* il corpo si sporge in avanti, mentre la gamba *en l'air* continua a sollevarsi, talvolta fino a formare una linea retta con la gamba d'appoggio.

Petit è l'opposto di "grand". Con questo termine vengono definiti i passi o gli esercizi che si eseguono con movimenti contenuti, per esempio il *petit saut* (piccolo salto) o il *petit battement sur le cou-de-pied*.

Pied è il piede.

Piqué, "piccato, picchiettato", è un termine usato per indicare un esercizio in cui il movimento risulta veloce e dinamico. Se eseguito alla sbarra o al centro, la gamba che lavora è tesa ed esegue il movimento "piccando" a terra il piede. In movimento danzato questo passo viene eseguito sulle mezze punte o sulle punte; anche qui una gamba "picca" a terra mentre l'altra viene sollevata nelle diverse posizioni (*passé*, *arabesque* e anche *en tournant*).

Pirouettes sono i giri su una gamba sola. Possono essere eseguiti sulla mezza punta o sulle punte e nelle diverse posizioni (*passé*, *arabesque*, *attitude*, *à la seconde*). Quando si gira verso l'esterno, dal lato della gamba sollevata, si definisce *en dehors*; se si gira verso l'interno, dal lato della gamba d'appoggio, allora si definisce *en dedans*.

Plié, "piegato", è il termine utilizzato per definire la flessione delle ginocchia con i piedi in una delle cinque posizioni. Nel *demi-plié* i talloni non si sollevano mai da terra; nel *grand-plié* le ginocchia, piegandosi al massimo, fanno sollevare i talloni da terra (non nella seconda posizione però).

Port de bras, "portamento delle braccia", è il movimento delle braccia, dei polsi e delle mani accompagnato sempre dal movimento della testa e del busto. Durante lo studio, a seconda del metodo, si eseguono diversi tipi di *port de bras* per l'apprendimento armonioso del movimento delle braccia.

Pointes (sur les) significa "sulle punte" ed è l'azione di sollevamento del corpo sulle punte dei piedi.

Posa indica l'orientamento del corpo in una posizione del balletto classico: *croisée*, *effacée*, *écartée*.

Posizione è il modo in cui viene mantenuto il corpo in base alle regole del balletto classico.

Préparation, "preparazione", è il movimento con il quale la ballerina si appresta a danzare; è anche il movimento che si esegue prima di iniziare un esercizio, come nel *rond de jambe par terre*.

Prima Ballerina è il grado più alto attribuito alla ballerina principale in una compagnia di danza; può essere nominata *étoile* dal direttore del teatro.

Relevé, "sollevato, alzato", è il movimento in cui il corpo si solleva da terra sulle mezze punte (*sur demi-pointes*) o sulle punte (*sur pointes*).

Renversé è un giro del corpo in *cambré derrière* durante il quale non bisogna mai perdere di vista il pubblico; nella danza moderna avviene anche sul posto.

Résine, "resina" o "pece", è una polvere ottenuta dalla resina degli abeti, che i ballerini mettono sotto la suoletta delle scarpe per evitare di scivolare.

Retiré, "ritirato", è l'esercizio in cui la gamba di lavoro viene sollevata e il piede scorre lungo la linea interna della gamba portante per posizionarsi all'altezza sopra o sotto il ginocchio. Si assume così la posizione del *passé en dehors* o *en dedans* solitamente usata nella "modern jazz".

Révérence, "riverenza", è un inchino, un gesto di cortesia, di ringraziamento, che viene eseguito al termine di una lezione di danza o di uno spettacolo.

Rond de jambe è un movimento circolare della gamba eseguito durante gli esercizi alla sbarra o al centro; può essere eseguito *par terre* o *en l'air* nelle direzioni *en dehors* o *en dedans*.

Saut, "salto", è un movimento di elevazione del corpo sul posto o con spostamento: parte da una o da entrambe le gambe e termina allo stesso modo.

Sauté, "saltato", indica l'azione del saltare: sono i passi eseguiti con l'elevazione del corpo in aria.

Sbarra è l'asse corrimano di legno, usata dalle ballerine/i per aiutarsi nel bilanciamento del corpo durante l'esecuzione degli esercizi.

Seconde (à la) è un termine che si riferisce alla direzione della gamba quando si trova in seconda posizione, a terra o in aria, come nel *battement* o nelle *grand pirouettes à la seconde*.

Simple, "semplice", si riferisce a un esercizio ordinario come un *sissonne* o un *piqué en tournant*.

Sissonne indica un tipo di salto che parte con lo slancio di tutti e due i piedi e termina su uno solo, ma ci sono molte varianti ed eccezioni (es. la *s. fermée*, la *s. tombée* e la *s. fondue* terminano su due piedi). Una grande distinzione esiste tra le *s.* piccole, "a scarsa elevazione", tra cui la *s. fermée* e la *ouverte* a 45°, e quelle grandi, "ad alta elevazione", tra cui la *s. renversée* e la *ouverte* a 90°.

Solista è il ruolo che viene assegnato alla ballerina/o per spiccate capacità tecniche e attitudini artistiche particolari; può ballare da solo o in coppia.

Soutenu, "sostenuto", è un movimento di coordinazione delle gambe, che eseguono in contemporanea due movimenti diversi.

Sur place significa "sul posto".

Temps levé, "tempo levato" è un salto, uno stacco da terra su un piede solo, mentre l'altro è mantenuto in una data posizione (per esempio *sur le cou-de-pied*, in *passé*) oppure con l'altra gamba sollevata in *arabesque*.

Temps lié, "tempo legato", assume il significato di "movimento": indica una sequenza di movimenti collegati tra loro.

Tendu, "teso", in genere si riferisce alle gambe stese, come per esempio in un *battement tendu*.

Tilt è un termine molto usato nella danza moderna: è l'inclinazione dell'intero tronco (colonna vertebrale) rispetto all'asse verticale del corpo.

Tour en l'air, "giro in aria", si riferisce alle rotazioni del corpo su se stesso eseguite in aria.

Tournant (en) significa "rotante, che gira" e si dice di un passo che viene eseguito in rotazione, cioè compiendo un giro su se stessi.

Variazione è un assolo di una ballerina o di un ballerino.

Roberto Baiocchi

Ballerino-coreografo, Roberto Baiocchi, dopo aver studiato a Firenze nella storica scuola Daria Collin *sotto la guida di Antonietta Daviso di Charvensood, si perfeziona al* Centre de Danse International Rosella Hightower *di Cannes, una tra le più prestigiose scuole del mondo.*

Agli studi accademici classici si affianca una formazione nelle discipline moderne e contemporanee, in canto e recitazione (a Firenze ha frequentato la Bottega Teatrale di Vittorio Gassman).

Ha vissuto a lungo in Francia dove ha lavorato con il "Ballet de L'Opéra" (a Nizza, Tolosa e Lione), nella compagnia "Ballet Classique de Paris" e con il "Jeune Ballet International de Cannes".

Nel suo percorso figurano tournées in Europa con i grandi balletti del repertorio classico (Il Lago dei Cigni, Lo Schiaccianoci, Giselle, Le spectre de la rose, Don Chisciotte ecc.). In Italia ha reso omaggio a Federico Fellini nel balletto Otto e mezzo. Molte le sue collaborazioni con la televisione in Francia, Lussemburgo e Italia.

Roberto Baiocchi si dedica da tempo alle coreografie teatrali e televisive, in particolare nelle discipline moderne e neoclassiche, e all'insegnamento della danza.

NOME: *Roberto*
COGNOME: *Baiocchi*
NATO IL: *27 giugno*
IN: *Sardegna*
SEGNO ZODIACALE: *cancro*
ALTEZZA: *170 cm*
PESO: *62 kg*
CAPELLI: *neri*
OCCHI: *castani*
BALLETTO PREFERITO: *Lo Schiaccianoci*

La mia storia

Avevo da poco compiuto sei anni e mi accingevo con curiosità ad affrontare il mio primo giorno di scuola, quando improvvisamente, per impegni professionali di mio padre, sono stato catapultato dalla splendida isola dove sono nato, la Sardegna, in un nuovo continente, l'Africa!

Ed eccomi così su una "vecchia carretta del cielo" diretto a Kinshasa.

Quel luogo è stato importante per me: è lì che ho maturato le mie esperienze di vita e ho frequentato la scuola elementare. Le mie giornate trascorrevano tra l'eco delle mine dei cantieri e i ruggiti dei leoni, tra gli incontri con i pigmei, i serpenti, i gorilla, le scimmiette e le corse in bicicletta...

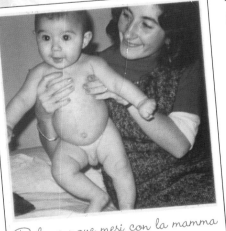

Roby a nove mesi con la mamma

134

I miei primi passi di danza li ho mossi proprio in Africa all'età di sette anni, durante una rappresentazione scolastica.

Rientrato in Italia conobbi Alessandro e Gaetano, i miei migliori amici: con loro e con mio fratello Sutra (Salvatore) condividevo la passione per la danza. Ma io più di tutti sentivo il desiderio di danzare, come una vocazione.

Così un bel giorno decisi di alzare la cornetta e cominciai a chiamare le scuole di danza. Dopo rifiuti e delusioni finalmente mi rispose la signora Elizabeth: «Certo che puoi venire da noi! Chi l'ha detto che i bambini non possono diventare ballerini! Vieni subito!».

Pedalai così verso la mia prima scuola di danza! Firenze era alle porte e dopo poco incontrai la signora Daviso di Charvensood: volevo il giudizio di una prima ballerina che aveva danzato con i più grandi. «Mi sembra di vedere Nijinsky fare i suoi *entrechat douze*» disse come mi vide saltare.

Frequentai da allora diverse classi al giorno, talvolta con eccellenti maestri del *Royal Ballet School* e poi, da lì a pochi anni, la svolta: il viaggio a Cannes per studiare presso il *Centre de Danse International Rosella Hightower!*

Ogni mattina sveglia alle 6, colazione presto e via in sala per la prima lezione di danza classica alle 8 con Claudie Winzer o Arlette Castanier. La giornata proseguiva con le lezioni di moderno, contemporaneo, danza di carattere, danza spagnola, anatomia applicata alla danza, solfeggio, canto, recitazione e *pas de deux*, in un'alternanza tra studi accademici e studi scolastici.

Nella pagina di sinistra, in alto: in un ritratto del fotografo Alessio Buccafusca; a destra, nel 1971 all'aeroporto di Inga, in Africa; in basso, a Cannes in una foto di René Fabiani.
In questa pagina, a sinistra: in camerino a Berlino nel 1988, prima di entrare in scena nel balletto Lo schiaccianoci; *a destra, dall'alto al basso, in scena a Stoccarda a Zurigo; nel 1990 al Teatro Verdi di Trieste nel balletto* Otto e mezzo, *omaggio a Federico Fellini.*

In quel periodo ho ballato i grandi balletti di repertorio classico come *Il Lago dei Cigni*, *Coppelia* e tanti altri... insomma una sorta di "apprendimento alla scena".

Con il corso di perfezionamento sono iniziate le mie prime esperienze lavorative, prima nella compagnia *Jeune Ballet de Cannes* di Md. Rosella Hightower, e poi le prime partecipazioni televisive in Francia e in Lussemburgo.

Ho trascorso un breve periodo in Italia presso la "Bottega Teatrale di Vittorio Gassman", impegnato nell'opera *Il Gioco di Dioniso*: immerso nella mitologia greca impersonavo un satiro nel dramma satiresco *Il ciclope* di Euripide.

Rientrato in Francia ho proseguito il mio percorso presso le *Ballet de l'Opéra de Nice*, come ballerino solista; ho ballato a Lyon, Toulouse, Marsiglia. Quindi sono entrato a far parte della compagnia *Ballet Classique de Paris* con la quale portai in scena *Lo Schiaccianoci*, il balletto che più mi è nel cuore.

A Parigi, l'estro coreografico iniziava ad affiorare: così mi dividevo tra le scuole di danza e il teatro de l'Opéra de Paris per "studiare" quanti più balletti possibili: dovevo ampliare il mio bagaglio culturale con tutto ciò che era danza, in ogni sua espressione.

In alto: Roberto in un grande salto nel Centre de Danse International a Cannes nel 1983;

a sinistra, durante un balletto all'Opera di Nizza nel 1987.

a destra, nella foto in bianco e nero della pagina a fianco: in studio nel Centre de Danse International a Cannes nel 1983.

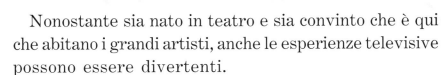

Nonostante sia nato in teatro e sia convinto che è qui che abitano i grandi artisti, anche le esperienze televisive possono essere divertenti.

Come ballerino ho così partecipato a trasmissioni televisive in Francia e Lussemburgo e, in Italia, ho curato la regia e la coreografia per sfilate di moda e concorsi di bellezza, come *Miss Mondo* e tanti altri.

Nel 2011 sono stato supervisore artistico per la XXVI edizione del "Todi Arte Festival" dove ho ideato e prodotto in esclusiva, il mio Gala di Balletti "La Nuit des Étoiles" con la partecipazione straordinaria di due stelle mondiali del balletto come Ivan Vasiliev e Natalia Osipova.

Da tempo mi dedico all'insegnamento della danza e alla coreografia per contribuire alla divulgazione di questa arte e per formare ballerini e ballerine realmente capaci a danzare.

Sono tanti i maestri che mi hanno formato: docenti dell'Opéra de Paris, come Raymond Franchetti e Rita Thalia, Jean Nuts della scuola di Béjart, Monika Kraus Saez, Victor Rona, Monet Robier e tanti altri. Indimenticabile la presenza quotidiana del mio grande maestro José Ferran: con lui ho veramente imparato tanto.

E poi c'è lei, Madame Rosella Hightower.

I miei idoli sono sempre stati Mikhail Baryshnikov e Rudolf Nureyev, come diceva lui anch'io "VOGLIO BALLARE PER SEMPRE!".

In alto, a sinistra: Roberto con Rudolf Nureyev nel 1984; in alto a destra: con Madame Rosella Hightower prima di entrare in scena nel balletto Il Lago dei Cigni. *Sopra, a destra: con Ivan Vasiliev e Natalia Osipova, al Gala di Balletti "La Nuit des Étoiles" nel 2011 a Todi.*

Indice analitico